MANIFESTI DI LATTA
ITALIAN TIN SIGNS

DARIO CIMORELLI   MICHELE GABBANI   MARCO GUSMEROLI   PIER LUIGI LONGARINI

MANIFESTI DI LATTA
ITALIAN TIN SIGNS
1890-1950

Fotografie di / Photos by
Dario Cimorelli

SilvanaEditoriale

Sommario / **Contents**

Introduzione / Introduction

Dario Cimorelli, Michele Gabbani, Marco Gusmeroli, Pier Luigi Longarini

A distanza di un anno dal volume dedicato alle scatole di latta eccoci a presentare un nuovo tassello della storia della pubblicità in Italia, il piccolo grande mondo del manifesto di latta, una storia breve, come potrete leggere e vedere nelle pagine che seguono, ma ricca di idee, di intuizioni, di creatività.

Questo settore così particolare sfugge quasi completamente a ogni percorso bibliografico ufficiale dedicato alla storia della pubblicità, a eccezione di pochi titoli che ne tracciano l'esistenza e lo sviluppo. La sua ricostruzione è frutto dell'unione di tante collezioni che abbiamo potuto fotografare grazie alla gentile disponibilità dei loro proprietari: veri tesori costruiti anno dopo anno, mercato dopo mercato, contrattazione dopo contrattazione.

Questa rete di ricercatori, alcuni orientati a particolari settori merceologici – le auto o il pomodoro per intenderci – altri amanti dell'oggetto per la sua bellezza estetica o per la sua particolarità, ha permesso di far giungere fino a noi questo tesoro e a loro è diretto il nostro primo ringraziamento.

Sfogliando le pagine di questo volume troverete, accanto a veri e propri manifesti di latta, vassoi, rendiresto, portacenere, orologi, termometri: tutti oggetti pubblicitari e, sopratutto, tutti oggetti in latta cromolitografica. Abbiamo pensato che fosse questo il luogo giusto per presentarli, avendo così la possibilità di far immaginare al lettore quanto fosse vasto l'universo dei prodotti promozionali presenti negli esercizi commerciali, alcuni appesi ai muri, altri appoggiati sui tavoli, tutti comunque dedicati a promuovere un prodotto o una marca.

Mantenendo il medesimo spirito che ha animato il volume dedicato alle scatole di latta, anche questa volta abbiamo deciso di proporre gli oggetti senza la segnalazione dell'appartenenza all'una o all'altra collezione privata, a esclusione delle collezioni di musei civici o statali.

Siamo quindi a esprimere tutto il nostro ringraziamento a Marco Agosti, Valentino Bellaio, Marco Bertini, Giordano Dal Prato, Rosario Di Bella, Guido Cecere, famiglia Guatelli, Ivano Lanzi, Alessandro Lanzoni, Paolo Marchesi, Antonio Niero, Cesare Resta, Marco Rota, Aldo Sutter, Andrea Tebaldi, Steno Tonelli, Antonio Travisonni, Marco Zanasi, Marco Zenaro, Fabio Zumelli e al Laboratorio Restauro Luci e Ombre di Varallo Sesia. Un particolare ringraziamento a Marta Mazza, direttore del Museo Nazionale Collezione Salce, e a Giovanna Mori, direttore della Civica Raccolta delle Stampe "Achille Bertarelli" del Comune di Milano, per averci messo a disposizione le opere in latta delle loro collezioni. Infine un grazie ai nostri fedeli compagni d'avventura Denise Castelnovo e Fabio Zuzzi per il loro impegno e per la loro disponibilità di giorno quanto di notte.

A year after the volume dedicated to tin boxes, here we present a new element of the history of advertising in Italy, the little big world of tin signs, a short history as you will read and see in the following pages, but one bursting with ideas, intuition and creativity.

This very special sector is almost completely absent from all the official bibliographies dedicated to the history of advertising, with the exception of a handful of titles that trace its existence and development. Its reconstruction is the result of the bringing together of the many collections we were able to photograph, thanks to the generous cooperation of their owners; these are true treasure troves, built up year after year, market visit after market visit, negotiation after negotiation.

This network of researchers, some focusing on particular product sectors, such as cars or tomatoes, others lovers of the object for its aesthetic beauty or unusualness, allowed this treasure to come down to us and, for this reason, our first thanks should go to them.

Leafing through the pages of this volume, you will find alongside tin signs, trays, change dishes, ashtrays, watches and thermometers, all objects used for advertising, and, above all, all objects in tin chromolithography. We felt this was the right place to present them, thus enjoying the possibility of allowing readers to imagine how vast the universe of promotional products was in shops, some hanging on walls, others resting on tables or other surfaces, but all dedicated to promoting a product or brand. In the same spirit that animated the volume on tin containers, this time too we decided to offer the objects without referring to the private collections they come from, and mentioning only the collections of civic or state museums.

We wish therefore to express our most sincere thanks to Marco Agosti, Valentino Bellaio, Marco Bertini, Giordano Dal Prato, Rosario Di Bella, Guido Cecere, Guatelli family, Ivano Lanzi, Alessandro Lanzoni, Paolo Marchesi, Antonio Niero, Cesare Resta, Marco Rota, Aldo Sutter, Andrea Tebaldi, Steno Tonelli, Antonio Travisonni, Marco Zanasi, Marco Zenaro, Fabio Zumelli and Laboratorio Restauro Luci e Ombre of Varallo Sesia. Special thanks to Marta Mazza, director of the Museo Nazionale Collezione Salce, and Giovanna Mori, director of the Civica Raccolta delle Stampe "Achille Bertarelli"of Milan City Council, for having allowed us access to the works in tin in their collections. Finally, a thank-you to our faithful companions in this adventure, Denise Castelnovo and Fabio Zuzzi, for their commitment and availability at all hours of the day and night.

Manifesti di latta

Dario Cimorelli

La nascita della comunicazione moderna vede nel manifesto il suo strumento principe. Su quella superficie piana, a volte piccola perché locandina, a volte più grande di un lenzuolo matrimoniale e, nel periodo dei prestiti di guerra, ampia anche quanto un lato di un palazzo, si sono giocate le sorti dei primi prodotti di largo consumo e delle aziende che li hanno prodotti e promossi.

Affastellati, sovrapposti, affiancati e, insieme, colorati, stupefacenti, ammiccanti, ironici e a volte pure balordi, perché comunque scontano l'ingenuità di una professione che si va costruendo giorno dopo giorno con l'esperienza, i manifesti troneggiano sulle mura delle città offrendosi con tutta la loro prepotenza.

Le prime forme di pubblicità sono ancora libere da regole e metodi, frutto di un clima effervescente, intuitivo e creativo insieme, dove prevalgono le personalità dei singoli artisti-illustratori, si pensi a Cappiello o a Mauzan per citarne due tra i principali, che fanno scuola, forti dei primi risultati che le aziende riscontrano sulle vendite. Gian Paolo Ceserani sulle ragioni del successo dei manifesti pubblicitari ha scritto:

[...] La risposta nuda e cruda è che quei manifesti si rivolgevano a un ben preciso gruppo sociale. La comunicazione era diretta a una ristretta e ben identificata parte della società (oggi diremmo: a un limitato target group). La pubblicità era diretta alla borghesia. Era la borghesia che comprava: un gruppo sociale perfettamente identificabile (a differenza di oggi), con una cultura dai confini precisi (a totale differenza di oggi), con abitudini rintracciabili, con modelli di comportamento perfettamente visibili. È a questa classe che l'autore dei manifesti si rivolge: egli non ha dubbi sull'atteggiamento di chi riceverà la sua comunicazione, per il buon motivo che non vi è differenza fra il comunicante e il ricevente, fra chi inventava il manifesto e chi ne era il destinatario. Vi è identità di gusti, di atteggiamenti e di abitudini[1].

Leggiamo cosa viene detto di Marcello Dudovich, il più grande insieme a Cappiello, dei cartellonisti:

Ama soprattutto l'ambiente che frequenta, quello delle sfilata di moda e delle serate mondane, dei pomeriggi alle corse o degli incontri romantici sulle spiagge più rinomate d'Europa, Montecarlo, Ostenda, Deauville[2].

Seppur pienamente condivisibile ciò che Ceserani afferma sull'importanza di appartenere al medesimo ceto sociale per avviare il gioco di specchi tra comunicatore e ricevente, crediamo occorra riflettere su quanto i comunicatori del tempo, attraverso la semplificazione dei codici, scelta evidente in larga parte della produzione di quegli anni, allargarono il pubblico, potenziando così la possibilità di successo della loro azione.

Tutto questo si trasforma in una corsa tra piccole e medie, tra nuove e vecchie aziende, tra loro concorrenti, che cercano di accaparrarsi questo piccolo mercato nascente nei centri abitati d'Italia – Milano, Torino, Padova, Bologna per intenderci – dove il nuovo ceto medio chiede un suo spazio e un ruolo sociale e, anno dopo anno tra la fine del XIX e l'inizio del XX secolo, lo afferma distinguendosi attraverso l'acquisto di prodotti.

In questa convergenza di nuove forze e di nuove opportunità, la comunicazione ha il suo proscenio, diviene arma e strumento per indirizzare la scelta d'acquisto, per costruire la forza di un prodotto e di una marca, in un mondo dove radio e televisione non esistono ancora e i cicli di vita dei prodotti sono lunghi e difficili da attaccare, da sorpassare, da distruggere. È un tempo lento, un tempo in cui si possono costruire ancora i nuovi miti del consumo.

Accanto allo strumento principe, il manifesto, prolificano altre e diverse forme di comunicazione: la pubblicità sulle riviste, sul punto vendita o sui mezzi di trasporto, sulle confezioni[3], nelle fiere e nelle esposizioni.

Tra questa miriade di piccoli e grandi strumenti di promozione, un piccolo spazio è occupato dai manifesti di latta. Per un periodo abbastanza breve, tra l'ultimo decennio dell'Ottocento e l'inizio del secondo conflitto mondiale, le aziende litografiche affiancarono alla produzione di scatole la realizzazione di manifesti e locandine di latta, tra gli addetti ai lavori chiamate comunemente anche targhe, insegne o tabelle di latta.

Sono oggetti delicati, si graffiano facilmente, si arrugginiscono, si scoloriscono, si piegano, sono stati prodotti in quantità limitata e pochi esemplari sono giunti fino a noi.

Un piccolo gruppo di ricercatori e collezionisti li ha negli anni recuperati, alcune volte restaurati, li custodisce gelosamente e li ha messi generosamente a disposizione per realizzare questo volume e raccontare un altro piccolo tassello del grande puzzle della storia della pubblicità italiana.

Si potrebbe immaginare che la differenza tra un manifesto di latta e uno di carta sia solo il supporto, il materiale su cui si stampa la pubblicità, il primo più brillante e rigido, l'altro più funzionale, più trasportabile, più facile da esporre; il manifesto di latta, invece, nasce e vive in luoghi diversi rispetto al manifesto di carta, è un altro mezzo, un altro media, un altro strumento di promozione.

In alcuni settori il manifesto di latta è uno dei primi strumenti pubblicitari adottati dalle aziende per promuovere i prodotti, come ci racconta il cavalier Arturo Gazzoni:

Tin Signs

Dario Cimorelli

The birth of modern communication sees its principal instrument in the advertising hoarding. On that flat surface – sometimes small because it is a playbill, sometimes bigger than a double bed and, during the period of the war loans, as large even as the side of a building – is where the fates of the first mass consumer products were decided as well as the companies that produced and promoted them.

Bundled together, overlapping, side by side and, all at the same time, colourful, amazing, alluring, ironic and occasionally even silly. Because – whatever else they do – they display all the ingenuity of a profession that is inventing itself day by day, learning through experience; advertising posters and placards dominate the walls of cities and towns, putting themselves on show in all their braggadocio.

The first forms of advertising still have no rules or methodologies, the result of an effervescent, intuitive and creative climate, where the personalities of individual artist-illustrators prevail: think of Cappiello or Mauzan to name but two of the leading characters, who show the way, boosted by the first sales results that companies achieve. On the reasons for the success of advertising posters Gian Paolo Ceserani wrote:

[…] The blunt, straightforward answer is that those posters addressed a very specific social group. The communication they contained was directed at a narrow and clearly identified part of society (today we would say: at a limited target group). Advertising was aimed at the bourgeoisie. It was the bourgeoisie who bought things: a social group that was perfectly identifiable (unlike today), with a culture of clearly defined boundaries (utterly unlike today), habits that could be traced and behaviour that was in no way concealed. It is this class that the creator of advertising posters addresses: he (or she) has no doubts about the attitude of those who will receive this communication, for the very good reason that there is no difference between the communicator and the audience, between those who conceived the advert and those it was aimed at. There is an identification of tastes, attitudes and habits[1].

We can read what was said of Marcello Dudovich, the greatest of the commercial artists along with Cappiello:

He loves above all the environment he inhabits, that of fashion shows and social gatherings, afternoons at the races or romantic encounters on the most famous beaches of Europe, Monte Carlo, Ostend, Deauville[2].

Despite agreeing fully with what Ceserani says about the importance of belonging to the same social class to begin this game of mirrors between communicator and audience, we believe there is a need to reflect on the extent to which the communicators of the time, through a simplification of codes, a clear choice in a large part of the output of those years, increased the size of the audience, thus enhancing the chances of their activities being successful.

All this becomes a contest between small and medium, new and old companies, competitors trying to grab this little nascent market in the cities of Italy – that is, Milan, Turin, Padua, Bologna – where the new middle class demands its own space and social role and, year after year, between the end of the 19th and beginning of the 20th century, affirms this by distinguishing itself through the purchase of goods.

In this convergence of new forces and opportunities, communication finds its stage, becoming a weapon and tool to direct the choice of purchase, forming the strength of a product and brand, in a world where radio and television still do not exist and the life cycles of products are long and difficult to attack, to surpass, to destroy. It is a slow time, a time in which new myths of consumption can still be built.

Alongside the main instrument, the hoarding, there is a proliferation of other and different forms of communication: advertising in magazines, at points of sale or on means of transport, on packaging[3] and at fairs and exhibitions.

In this myriad of smaller and larger promotional devices, a limited space is occupied by tin signs. For a fairly short period, between the last decade of the 19th century and the beginning of the Second World War, alongside the production of containers, lithographic companies also got involved in the creation of tin posters and playbills, known in professional jargon as tin plates, signs or tables.

They are delicate objects, they scratch easily, they rust, they fade, they get bent, they were produced in limited quantities and only a few examples have come down to us.

A small group of researchers and collectors has rescued them over the years, sometimes restoring them, jealously guarding them, and they have generously made them available for this volume to describe another little piece of the great jigsaw of the history of Italian advertising.

We might imagine that the difference between a tin and a paper advertising poster is simply the support, the material on which the advert is printed, the former brighter and more rigid, the latter more functional, easier to transport and display; instead, though, the tin sign is born and lives in different places compared to the paper poster, it is another means, another medium, another tool for promotion.

In some sectors tin signs are one of the first advertising tools adopted by companies to promote their products, as Cavaliere Arturo Gazzoni tells us:

↑ Drogheria e Bar Tripolitania, Torino, circa 1900

↑ Orologeria-Oreficeria, Casale Monferrato, circa 1900

Il Grand'Uff. Alberto Marone con amore e perspicacia non comuni mise a profitto il cumulo di studi intrapresi a scopo pubblicitario negli anni della sua giovinezza in Francia ed in Inghilterra. Al suo entrare nella ditta Cinzano il prodotto principale della casa 'il Vermouth' non era così richiesto dai consumatori come l'organizzazione dell'Azienda avrebbe potuto pretendere che fosse. Il Grand'Uff. Marone si convinse allora che soltanto con una pubblicità bene studiata avrebbe potuto provocare una maggiore vendita del prodotto; in quell'epoca nessun'altra casa di Vermouth faceva réclame in grande stile e si limitava ad esporre piccoli cartelli in celluloide o in latta, cartelli che venivano spediti nelle casse delle bottiglie che partivano per l'Estero e che quando non erano cestinati venivano affissi nell'interno dei caffè o dei negozi. Sistema questo rudimentale e che aveva effetto assai relativo perché generalmente i cartelli erano visti soltanto da chi era già cliente. La Ditta Cinzano a quest'epoca usava pure di questi cartelli. Subito il Grand'Uff. Alberto Marone si accorse che non corrispondevano affatto allo scopo per la oscurità della dicitura e iniziò senza esitare un nuova pubblicità a base di affissi murali portando

una grande rinnovazione su quanto era stato fatto per il passato e facendo affiggere in paesi dove il Vermouth non era ancora conosciuto annunzi che portavano leggende di questo genere: Cinzano Vermouth a base di vino di erbe aromatiche ecc. ecc. Torino.

Poi ridusse a poco a poco la dicitura secondaria fino a lasciare che il solo nome Cinzano. Ma ben presto ai cartelli con la sola scritta succedettero gli affissi a soggetto e credo che i nostri lettori ricorderanno la grande 'affiche' disegnata dal Cappiello nella quale un cavaliere cavalcante una zebra color rosso porpora brandiva in atto di esultanza e d'imperio la bottiglia del Vermouth Cinzano[4].

Se la latta precede in alcuni casi la carta come supporto per la pubblicità, allo stesso tempo i luoghi in cui nasce e si realizza sono diversi. Sempre di stampatori si tratta, ma i supporti cambiano e così anche le aziende e le persone che vi lavorano. Le ditte producono prevalentemente scatole di latta, e gli illustratori che disegnano le decorazioni delle scatole spesso sono coinvolti anche nell'ideazione e realizza-

zione dei manifesti. Tra le principali aziende che operano nel settore ricordiamo la Metalgraf (Unione Arti Grafiche sui Metalli)[5] di Milano, nata nel 1906 dall'unione delle società Albino Biffi di Lecco, De Paolini Matossi & C. di Torino e Ranci & C. di Bovisa, produttrice di "[...] cartelli e oggetti vari, réclame, scatolame di ogni genere e tipo di lusso a quello comune per letti, placche e cappellotti per damigiane, giocattoli meccanici e non meccanici, e tutti gli altri prodotti relativi ad altrettante applicazioni della latta", che occupava nei diversi stabilimenti quindici impiegati oltre il personale dirigente e più di duemila operai; la E. Passero & C.[6], fondata a Trieste il 6 luglio 1907 da otto soci, tra cui il maggior azionista Enrico Passero, con sede amministrativa e stabilimento a Monfalcone, dedicata anch'essa alla produzione di oggetti di latta litografata (targhe, cartelli pubblicitari, vassoi, scatole e giocattoli); e nell'importante distretto produttivo ligure, la Gottardo de Andreis di Genova, forse una tra le aziende più antiche, fondata nel 1892 e poi unita nel 1917 con la ditta Casanova e specializzata nella "cromolitografia su metalli, fabbricazione di cartelli, réclames, placche, vassoi, e articoli affini"[7].

Purtroppo, a causa della chiusura di queste aziende iniziata negli anni cinquanta, quasi nulla è arrivato fino a noi. Gli archivi, a eccezione di quello della E. Passero & C., sono stati dispersi o distrutti e la ricostruzione del catalogo dei prodotti è resa difficoltosa dalle poche informazioni fino a ora reperite.

E così è anche per i grafici e i pittori impegnati nella realizzazione di manifesti, cartelli e réclame, perché poco sappiamo di loro se non quando hanno apposto la firma sulle loro creazioni.

Possiamo immaginare che gli uffici grafici presenti nelle aziende di stampa su latta fossero piccoli, composti da poche persone, e svolgessero più un ruolo di coordinamento che di creazione, mantenendo vivi i rapporti con il mondo che gravitava loro intorno fatto da grafici, illustratori e pittori chiamati di volta in volta per un determinato cliente o prodotto. Sicuramente non ci troviamo di fronte a uffici strutturati come quello delle Officine Grafiche Ricordi, composti da grandi maestri come Hohenstein, Metlicovitz, Terzi o Dudovich. Walter Fochesato[8] ci racconta di chi ha lavorato a Genova, in particolare alla Società

The Grand'Ufficiale Alberto Marone, with uncommon love and perspicacity, made profitable his accumulation of experiences gained in advertising in the years of his youth in France and England. When he joined the Cinzano company, the main product of the firm, 'Vermouth', was not as popular with consumers as the company might have expected. Grand'Ufficiale Marone became convinced then that only a well-designed advertisement could result in greater sales for the product; at that time no other Vermouth company did advertising in a grand style, limiting themselves to displaying small signs in celluloid or tin, signs that were sent in the crates of bottles dispatched abroad, and which, when they were not thrown away, were hung inside cafes or shops. A system that was rudimentary and that had a very actual effect, since generally the signs were seen only by those who were already customers. At the time, the Cinzano Company also used these signs. Immediately Grand'Ufficiale Alberto Marone realised that they were not up to the task because of the darkness of the script, and he launched, without a moment's hesitation, a new system of advertising based on billboards, leading to a great innovation compared to what had gone before and posting them in countries where Vermouth was not yet known in announcements that bore declarations of this sort: Cinzano Vermouth aromatic herbal wine etc., etc. Turin.

Then he gradually reduced the secondary wording until the only name Cinzano remained. But soon the signs with only written words were succeeded by posters with subjects, and I think our readers will remember the great poster designed by Cappiello in which the rider of a purple-red zebra brandishes a bottle of Cinzano Vermouth in an act of exultation and imperiousness[4].

If, in some cases, tin precedes paper as the medium on which advertising exists, at the same time, the places in which it is born and realised are different. It is still about printing, but the media change and thus also the companies and the people who work there. These companies mainly produce tin containers, and the illustrators who design the decorations of these are often also involved in the design and production of the advertising. Among the main companies operating in this sector, we recall Metalgraf (Unione Arti Grafiche sui Metalli)[5] in Milan, founded in 1906 from the fusion of the companies Albino Biffi of Lecco, De Paolini Matossi & C. of Turin and Ranci & C. of Bovisa, producer of "[...] signs and various objects,

↑ Arco Ezzeli, Padova, circa 1900

advertising, canned goods of every sort and type of luxury to the common one for beds, nameplates and caps for demijohns, mechanical and non-mechanical toys, and all the other products related to as many applications of tin", which employed fifteen clerks in various establishments as well as managerial staff and more than two thousand workers; E. Passero & C.[6], founded in Trieste on 6 July 1907 by eight partners, including the majority shareholder

Enrico Passero, with its administrative headquarters and factory in Monfalcone, also dedicated to the production of lithographed tin objects (nameplates, advertising signs, trays, containers and toys); in the important Ligurian manufacturing district, Gottardo de Andreis of Genoa, perhaps one of the oldest companies, founded in 1892 and then merged in 1917 with the Casanova company and specialising in "chromolithography on metals, the manufac-

↑   Vendita di olio Fratelli Carli, Gattinara, circa 1910

↑   Salumeria, Milano, circa 1920

Ligure Latta e Fabbricazione Conserve, azienda nata da una società precedente, la Stabilimenti Silvestro Nasturzio, che possedeva anche l'archivio di un'altra ditta di lavorazione della latta, la S.A. Americana, dove sono stati ritrovati bozzetti di Aurelio Craffonara, destinati a diventare cartelli pubblicitari in latta, e molti studi di Giovanni Battista Guerzoni, pittore genovese che decorò scatole e tabelle. Seguendo queste prime tracce scopriamo che Guerzoni firma altri manifesti di latta per un'altra azienda di Genova, la Gottardo De Andreis, confermando questa nostra ipotesi. Troviamo ad esempio il manifesto con l'immagine della bella giovinetta fasciata da un vestitino blu per la profumeria Salvatore Critelli, oppure quello raffigurante l'avvenente giovane per il Caffè Sport della ditta Borghetti Marconi & C. Giovanni, e ancora quello della giovane e discinta fanciulla dietro un enorme boccale di birra per la Cagnucci di Ancona; un altro illustratore, Maria Mataloni, di solito associato alle creazioni su manifesti di carta firma una bellissima targa per il vino Vermouth Cora.

Le ragioni di questa diversità tra latta e carta crediamo risiedano nelle diverse dimensioni del settore e nell'importanza delle diverse attività

nel giro di affari; nel comparto della stampa su latta la produzione di scatole si dimostra sicuramente più importante e fiorente rispetto a quella delle targhe. Un articolo sulla "Gazzetta del Popolo della Domenica" del 16 ottobre 1898 così racconta della presenza della ditta Matossi all'Esposizione Generale Italiana di Torino:

[...] Noi però, dal punto di vista artistico, amiamo soffermarci piuttosto sugli oggetti che figurano nella vetrina del Matossi, esposta nella sezione Arti Grafiche, sempre nella Galleria del Lavoro, piano superiore. È una modesta vetrina, collocata un po' male, ma molto interessante, tanto più perché essa rappresenta un'industria nuova o quasi – la cromolitografia su latta. Quando cominciò a produrre le sue scatole e i suoi recipienti di latta, il Matossi si acconciava, naturalmente, alle condizioni dell'industria che esercitava. E le scatole apparivano lisce, nude; tutt'al più con qualche impressione a secco o con quei disegni primitivi che cominciarono ad applicarsi alle scatole delle sardelle. Se si voleva presentar la merce con una certa eleganza, bisognava impastare sulla latta un foglio di carta cromolitografato. Ma non andò molto che si trovò il modo di fissare sulla latta gli stessi colori che prima non si potevano usare che sulla carta.

Da quel giorno fu possibile una seria e pratica applicazione dell'arte dell'industria della latta. E così si poterono ottenere scatole e recipienti di ogni genere elegantemente ed indelebilmente decorati; di poi facendo un notevole passo avanti, si arrivò ai grandi quadri réclame in latta cromolitografata, preferibili agli altri quando si desidera un mezzo di réclame solido, durevole ed, a conti fatti, anche economico, perché non si guasta, non si sporca, né si rompe mai, e non ha bisogno di essere rinnovato [...][9].

Ma la produzione di scatole non solo cresce e fiorisce ma orienta il modello organizzativo e quindi anche le proposte creative. Se risaliamo la filiera e analizziamo i cataloghi delle aziende di biscotti o caramelle di quegli anni, scopriamo che la scelta di tutti è avere un'offerta di confezioni completa, in grado di soddisfare tutti i pubblici; raramente ci troviamo davanti a soluzioni innovative, tutto è rassicurante, ammiccante, in parte già conosciuto. Le decorazioni delle scatole di latta confermano il gusto acclamato del tempo orientandosi alcune volte verso ciò che è più classico altre volte verso ciò che è più alla moda; le scatole nascono con la presunzione di poter essere conservate nelle case per lungo tempo, di di-

ture of signs, advertising, plaques, trays, and related items"[7]. Unfortunately, due to the closure of these companies, starting in the 1950s, almost nothing has come down to us. The archives, with the exception of that of E. Passero & C., have been dispersed or destroyed and the reconstruction of the product catalogue is rendered difficult by the lack of information found so far.

And it is the same with the graphic designers and painters involved in the creation of posters, signs and advertising, because we know little of them beyond when they signed their creations. We can imagine that the graphic offices in the tin-stamping companies were small, made up of only a few people, and played more of a coordinating than creative role, maintaining the relationships with the world that gravitated around them made up of graphic designers, illustrators and painters called on from time to time for specific customers or products. Undoubtedly we are not talking about structured offices such as that of the Officine Grafiche Ricordi, composed of great masters like Hohenstein, Metlicovitz, Terzi or Dudovich.

Walter Fochesato[8] tells us about those who worked in Genoa, in particular at the Società Ligure Latta e Fabbricazione Conserve, a company born from an earlier one, the Stabilimenti Silvestro Nasturzio, which also owned the archive of another tin-processing company, the S.A. Americana, where sketches by Aurelio Craffonara were found, destined to become advertising in tin, and many studies by Giovanni Guerzoni, a Genoese painter who decorated boxes and tables. Following these initial traces, we discover that Guerzoni signs other tin signs for another company in Genoa, Gottardo De Andreis, confirming our hypothesis; for example, we find the sign with the image of the beautiful young girl wrapped in a blue dress for the Salvatore Critelli perfumery, or the one depicting the handsome young man for the Caffè Sport of the firm Borghetti Marconi & C. Giovanni, and again the young and scantily clad girl behind a huge glass of beer for the Cagnucci company in Ancona; another illustrator, Maria Mataloni, usually associated with creations for posters on paper, lends her name a beautiful plate for Vermouth Cora.

The reasons for this difference between tin and paper, we believe, are to be found in the different dimensions of the sector and in the importance of the various activities in the business;

↑ Drogheria Giuseppe Bignotti, Pavia, circa 1935

in the field of tin pressing, the production of containers is undoubtedly more important and flourishing than that of advertising plates. An article in the *Gazzetta del Popolo della Domenica* from October 16, 1898 describes the presence of the Matossi company at the Italian General Exposition in Turin:

[...] We, however, from an artistic point of view, love to focus above all on the objects in the Matossi stand, in the Graphic Arts section, again in the Work Gallery, on the upper floor. It is a modest stand, not terribly well located, but very interesting, especially since it represents a new or almost new industry, that of chromolithography on tin. When they started making their tin boxes and containers, Matossi naturally adapted to the conditions of the industry where they were working. And the boxes appeared smooth and naked; at most with some dry engraving or those primitive drawings that started to be applied to tins of sardines. If someone wanted to present goods with a degree of elegance, it was necessary to apply a sheet of chromolithographed paper to the tin. But it was not long before a way was found to apply the same colours to tin that previously could only be used on paper. From that point onwards, a

serious and practical application of industrial art on tin became possible. And so they were able to obtain elegantly and indelibly decorated boxes and containers of all sorts; and then taking a considerable step forward, we arrived at the large advertising paintings in chromolithographed tin, preferable to the others when what was wanted was a solid, durable and, on balance, economic advert as well, because it does not spoil, it does not get dirty, it never breaks, and it does not need to be renewed [...][9].

But the production of containers not only grows and flourishes, it also directs the organisational model and therefore the creative proposals as well. If we move back along the chain and analyse the catalogues of the biscuit or sweet companies of those years, we discover that everyone's choice is to have a complete packaging offer able to satisfy all audiences; rarely do we find ourselves facing innovative solutions, everything is reassuring, alluring, already partly known. The decorations on tin boxes affirm the accepted tastes of the day by orientating themselves sometimes towards the more classic and sometimes towards the more fashionable; the containers are born with the

venire parte degli oggetti di famiglia e chi è chiamato a decorarne le superfici si orienta a soddisfare questa esigenza traendo ispirazione dalle riviste del tempo e da ogni altra fonte iconografica disponibile, e quindi rielaborando decorazioni e soggetti che possano far scoprire ciò che in parte già si conosce. E con questo sguardo, con questo modo di associare immagini e decorazioni alla marca e al prodotto vengono realizzati anche i manifesti di latta, seguendo una tradizione già consolidata anche dall'altra parte dell'Oceano[10].

Così, sulle lucide superfici di latta oltre alle fanciulle di Guerzoni, campeggiano le giovani donne del pittore Romolo Tessari (1868-1925) per Coca Buton, per i Fratelli Branca (la contadinella), per il vino Protto, per le miniere solfuree Trezza Albani, per la Ferro China Guasti e il giovinotto per Birra Peroni; la pubblicità per il "Giornale dell'Agricoltura" del pittore e illustratore Gerolamo Bartoletti (1893-1962); l'estratto di pomodoro della ditta A. Turrini P. Tanzi, il Parmigiano Reggiano Pelegatti di Osvaldo Bellerio (1870-1942); la pubblicità firmata da Giuseppe Palanti (1885-1978) per Ballor.

A questi nomi più conosciuti si può aggiungere anche un numero imprecisato di illustratori anonimi che ci restituisce un'Italia salottiera e sociale, un'Italia industriosa con grandi fabbriche, un'Italia agreste e contadina molto simile a quella che gli artisti del XIX secolo avevano raccontato con la nobile arte della pittura.

La latta non porta nel punto vendita l'onda della novità, il grido di sorpresa, il pugno nell'occhio, ma rassicura rappresentando scene di vita, piccole trasgressioni, a volte piccole provocazioni che non destano comunque scandalo.

Diversamente, negli stessi anni il dibattito più ampio sull'efficacia della promozione e sul ruolo del manifesto pubblicitario si accende. Racconta il pittore Luciano Ramo in una conferenza all'Università Popolare di Milano nel 1915 dedicata all'arte della réclame:

[...] Pensate viceversa (rispetto all'artista) quale più gravoso e difficile compito sorge dinanzi al pittore di réclame. Non è più il migliaio di persone a lui dinanzi, ma la città tutta, ma il pubblico tutto, ma la folla, la immensa folla che vive, che si muove, che si agita, che corre, che si moltiplica intorno. Egli deve parlare a tutti, a tutti costoro; egli deve fermarli, percuoterli, farli sostare; bisogna che egli suggestio-

↑   Compagnia Singer per Macchine da cucire, Torino, circa 1920

↑   Drogheria -Coloniali Attilio Caminati, Reggio Emilia, circa 1925

assumption they will be kept in houses for a long time, become part of the family's possessions, and those who are called on to decorate their surfaces seek to satisfy this need, drawing inspiration from the magazines of the time and any other available iconographic source, and therefore reworking decorations and subjects that might allow the discovery of what is already known in part. And this gaze, this way of associating images and decoration to the brand and the product, was also employed in the production of tin signs, following a tradition that was already consolidated on the other side of the Atlantic Ocean[10].

Thus on the shiny surfaces of tin, as well as the girls of Guerzoni, appear the young women of the painter Romolo Tessari (1868–1925) for Coca Buton, for the Fratelli Branca (the peasant girl), for Protto wine, for the Trezza Albani sulphur mines, for the Ferro China Guasti, and the young man for Peroni beer; the advert for the "Giornale dell'Agricoltura" by the painter and illustrator Gerolamo Bartoletti (1893–1962); the tomato extract of the company A. Turrini P. Tanzi, the Parmigiano Reggiano Pelegatti by Osvaldo Bellerio (1870–1942); advertising signed by Giuseppe Palanti (1885–1978) for Ballor.

To these better-known names we can also add an unknown number of anonymous illustrators who give us a lively and social Italy, an industrious Italy with big factories, a rural and peasant Italy very similar to the one that 19th-century artists had recounted in the noble art of painting.

Tin does not bring a wave of novelty, a cry of surprise, a punch in the eye at the point of sale, but it reassures by representing scenes of life, small transgressions, occasionally little provocations that steer clear of causing actual scandal.

But, in the same period, a broader debate on the effectiveness of promotion and the role of advertising gets underway. The painter Luciano Ramo in a lecture dedicated to the art of advertising at the Università Popolare di Milano in 1915 states:

[...] Think on the contrary (with respect to the artist) of the much more serious and difficult task faced by the advertising painter. It is no longer a thousand people in front of him, but the whole city, the whole public, the crowd, the immense crowd that lives, moves, agitates, rushes, multiplies around about. He

↑ Drogheria Amedeo Bellini, Fano, circa 1925

↑ Frutta e Verdura , circa 1920

Inserzione pubblicitaria, Divulgo, Industria della pubblicità, Milano, circa 1925

E prosegue:

[...] L'arte in réclame agisce profondissimamente su tutte le passioni umane. Bisogna che essi vibrino e s'agitino e prorompano. Bisogna arrivare alla passione per i sentieri più brevi. Subito. Parlare, anzitutto al cuore. Sfruttare tutte le sentimentalità. Mettere in movimento tutte le adulazioni. Correre diritti e colpire giusto. Il pittore di réclame non deve ragionare. Deve commuovere e muovere. Subito. Mostrare alla massa il pericolo opposto. Un istituto di bellezza che lancia sul mercato una crema per ammorbidire la pelle, bisogna che corra immediatamente alla vanità della donna. Sfruttamento di passione; colpire il punto più debole; allora rendete pittoricamente sulla carta le prime lacrime di una donna bella allo spuntar delle prime rughe... Parlate ai sentimenti femminili più gelosi e più cari, ma parlate, esponete, convincete così. Una parola giusta e ben trovata colpisce e viene ricordata: un ragionamento stanca e viene dimenticato. E questa parola diciamola al cuore, all'anima: siamo latini: l'anima nostra ha bisogno di sognare. Carezziamo questo sogno: diamole un'illusione, semplice, efficace, immediata; essa risponderà alla nostra voce [...][12].

E tutto questo succede in un tempo relativamente breve, oggi chiamato quindicina, l'intervallo tra l'affissione del manifesto e la sua rimozione, perché oramai l'affisso è già vecchio, sgualcito, scolorito dalle intemperie e dalla pioggia e va sostituito, con altri e altri ancora e così per tutto l'anno.
Ma tanta è l'attenzione che suscita il manifesto che anche un errore può cambiare il destino di un prodotto, come ci racconta il cavalier Arturo Gazzoni relativamente al lancio dell'Idrolitina:

[...] Mi ero già occupato di acque minerali, avevo constatato che la natura favorisce, è vero, combinazioni eccellenti di elementi salutari per le più svariate forme di malattie, ma pensavo che anche chimicamente si potesse ottenere un'acqua idonea ad eliminare determinati disturbi. Rivolsi particolarmente il mio studio alla cura dell'euricemia, e mi proposi di trovare una formula che mi desse artificialmente la perfezione desiderata. Così nacque l'idrolitina e il prof. Dioscoride Vitali, direttore dell'istituto di Chimica Farmaceutica Tossicologica della R. Università di Bologna condividendo la mia opinione, così si espresse: 'Le acque minerali naturali in genere posseggono benefici principi medicamentosi che la natura ha dati e suddivisi a suo capriccio;

ni, scuota, faccia vibrare le sensazioni di tutta una massa enorme, di ogni cervello e di ogni età; bisogna che egli eserciti una pressione sulle facoltà intellettive e sentimentali di tutto il mondo. E badate bene: egli deve commuovere delle impressioni, non solo, ma provocare tutto uno stato mentale e psichico tale da indurre il suo pubblico a fare qualche cosa, a decidersi, a comprare, a compiere un'azione morale o materiale. Deve essere un incitamento, un ragionamento, una persuasione: fermar l'attenzione non basta. A questo sarebbe sufficiente qualsiasi bizzarra trovata, un espediente di qualunque genere [...][11].

has to speak to everyone, to all of them; he has to stop them, strike them, make them pause; he needs to suggest, shake, vibrate the feelings of an enormous mass, of all degrees of intelligence and of every age; he must exert a pressure on the intellectual and sentimental faculties of the whole world. And pay attention: he must stir not only the impressions, but provoke a mental and psychic state such as to induce his public to do something, to decide, to buy, to perform a moral or material action. It has to be an incitement, a reasoning, a persuasion: catching the attention is not enough. For this any bizarre find would suffice, an expedient of any sort [...][11].

And he continues:

[...] Art in advertising has a profound effect on all human passions. It is necessary for them to vibrate and stir and burst forth. We need to arrive at passion by the shortest paths. Immediately. Speak, above all, to the heart. Take advantage of sentimentality in all its forms. Employ every sort of flattery. Run straight and hit hard. The advertising painter must not reason. He has to move emotionally and physically. Immediately. Show the masses the danger on the other side. A beauty institute that launches on the market a cream to soften the skin has to appeal immediately to women's vanity. The exploitation of passion; hit the weakest point; so represent pictorially the first tears of a beautiful woman on finding her first wrinkles... Address the most jealous and dearest feelings of women, but address, explain, convince in this manner. The right and well-found word strikes and is remembered: a tired reasoning and it will be forgotten. And let's say this word to the heart, to the soul: we are Latin: our soul needs to dream. We cherish this dream: let's give her an illusion, simple, effective and immediate; she will respond to our voice [...][12].

And all this happens in a relatively short time, today called a fortnight, the interval between the poster being hung and its removal, because by now the advert is already old, crumpled, faded by the elements and rain and needs to be replaced, with others and others again and so on for the whole year.
But so much attention is aroused by advertising that even a mistake can change the destiny of a product, as the Cavalier Arturo Gazzoni tells us regarding the launch of Idrolitina:

[...] I had already dealt with mineral waters, I had found that nature favours, it is true, excellent com-

↑   Esterno di un negozio di generi alimentari. Un uomo è ritratto davanti alla porta d'ingresso, circa 1900
Archivi Alinari, Firenze

↑   Seconda Fiera Campionaria di Tripoli, giugno 1928: l'interno del padiglione espositivo della Cinzano
Archivi Alinari, Firenze

↑   Autoveicolo pubblicitario della Dubied alla Fiera Campionaria, Milano, 1931

ta precede la latta e su quest'ultima si ritrova la declinazione di quanto ideato per la prima; la parte creativa è assegnata agli uffici grafici delle grandi aziende come Ricordi, Richter o Chappius o a illustratori che con loro lavorano e la produzione assegnata ai fornitori per le diverse lavorazioni; se il manifesto di carta campeggia sui muri delle città urlando al mondo la sua forza e originalità, la targa o il manifesto di latta esercita il suo ruolo complementare e amplifica nei suoi spazi la forza del messaggio del prodotto e della marca. Ecco così comparire sulla latta le firme dei più noti illustratori, come Adolf Hohenstein per Cinzano, Marcello Dudovich per il Liquore Strega, Achille Luciano Mauzan (per conto di Maga) per Birra Napoli, Leonetto Cappiello per Cinzano e per Martini & Rossi, Giuseppe Magagnoli (Maga) per il Vermouth Cora e per il Cognac Buton, Plinio Codognato e H.L. Roowy per Pirelli, Adolfo Busi di nuovo per Buton, e dei meno noti come Giovanni Scolari per Dreher, Giorgio Muggiani per Brill e per Guttalin, Giovanni Mingozzi (Atla) per Ebano, Sigon Pollione per Arrigoni, Mario Pozzati (Maga) per Bonomelli, per citarne alcuni tra i tanti.

Un esempio di strategia pubblicitaria che abbraccia ogni pensabile strumento di promozione oltre ai manifesti su carta e su latta è quella adottata dalla Felice Bisleri[15] e ci viene raccontata così da Lorenzo Manconi:

[...] Chi non ricorda il vecchio slogan: Volete la salute? Bevete il Ferro China Bisserei! E chi ha dimenticato il leone ruggente, simbolo della forza, e il leone con gli occhiali nella pubblicità del 'Psiche'? Questo industriale farmaceutico si rappresenta calvo e con una lunga barba degna di un profeta biblico, fu anche un audace inventore di trovate, che qualche americano non avrebbe disdegnato di far proprie. Felice Bisleri organizzò tournées, mandò in giro circhi equestri con leoni vivi per la propaganda e la distribuzione gratuita del Ferro China. Egli fu anche un maestro della trovata pubblicitaria. Nell'ultimo scorcio del secolo passato lo aveva molto appassionato la questione delle luci durante gli spettacoli teatrali. In antico si teneva la sala bene illuminata; ma questo disturbava, perché il pubblico si distraeva dal palcoscenico, guardava la platea, chiacchierava. Venne deciso allora che, durante gli spettacoli, soltanto le luci della ribalta dovessero rimanere accese. Una bella sera, dopo il primo atto, in platea si accendono le luci e cosa si vede? le prime due file di

con l'idrolitina invece si compone un acqua dalla scienza debitamente dosata e atta a combattere le sofferenze degli uricemici, artritici, obesi diabetici ecc...'. In conformità del principio già esposto, mi preoccupai subito del modo con il quale lanciare il nuovo prodotto. Occorreva una pubblicità suggestiva e diffusa. Non tralasciai alcun mezzo di quelli annunciati in questa mia trattazione. Rivolgendomi come ho detto al pubblico, intuii che anche il manifesto in questo caso sarebbe stato per me una potente arma di successo. A molti è nota la vicenda del mio cartello reclamistico all'epoca della guerra italo-turca riproducente la caricatura di Giolitti, con in capo un fez sul quale era stata sostituita la mezza luna con la bianca croce dei Savoia. In tale posa caricaturale il Presidente del Consiglio figurava di distribuire scatole ai marinai partenti. Nonostante l'autorizzazione avuta di affissione, un telegramma ministeriale ordinò improvvisamente a tutti i Prefetti del Regno di distruggere senz'altro il manifesto qualificato antipatriottico. Lo stesso Giolitti, col quale conferii personalmente, non volle saperne delle mie giustificazioni e delle mie rimostranze. Proposi un emendamento: sostituire cioè

la mia effige a quella del Capo del Governo. La proposta fu accolta. Sui manifesti già affissi operai la sostituzione, facendo incollare semplicemente l'immagine della mia testa sulla parte incriminata, ma la pioggia e il vento fecero in tempo le mie vendette. Tra i brandelli della mia povera testa riapparve ancora una volta il testone giolittiano, suscitando nel pubblico una tale ilarità da aggiungere all'efficacia dell'Idrolitina la virtù non indifferente di suscitare buon umore[13].

Se la carta e la latta procedono su binari diversi questo non preclude occasioni di incontro; possiamo ad esempio supporre[14] che la mancanza di contratti di esclusiva permetteva anche ai grandi illustratori di poter lavorare con diverse aziende come fanno ad esempio Adolf Hohenstein e Leopoldo Metlicovitz tra le Officine Grafiche Ricordi e la ditta G. Ranci & C. nei primissimi anni del XX secolo; in altri casi, quando la volontà del cliente è quella di adottare una strategia di comunicazione con un investimento adeguato, ecco che le due tipologie convivono; più precisamente, la car-

↑   Banco Espositore A. Sutter, Genova, 1923

binations of health-providing elements for the most varied forms of diseases, but I thought that even chemically it was possible to obtain a water suited to eliminating certain disorders. In particular I directed my studies to the treatment of uricemia, and set about finding a formula that would artificially provide me with the desired perfection. Thus was born Idrolitina, and Prof. Dioscoride Vitali, director of the Institute of Toxicological Pharmaceutical Chemistry of the University of Bologna, sharing my opinion, stated: 'Natural mineral waters generally possess beneficial medicinal principles that nature has given and subdivided on a whim; with Idrolitina, instead, what is composed is a water properly dosed by science and aimed at contrasting the pain of those suffering from uricemia, arthritis, diabetic obesity, etc...'. In accordance with the principle already explained, I immediately began thinking about how to launch this new product. An evocative and widespread advertising was needed. I did not overlook any of the means mentioned in this discussion of mine. Addressing, as I said, the public, I realised that the advertising in this case too would have been a powerful weapon for me in achieving success. Many people know the story of

my advertising sign at the time of the Italian-Turkish war reproducing the caricature of Giolitti, wearing a fez on which the crescent moon had been replaced with the white cross of the House of Savoy. In this caricature pose, the Prime Minister was distributing containers to departing sailors. Despite being authorised, a ministerial telegram suddenly ordered all the Prefects of the Kingdom to destroy the advert which was defined as unpatriotic. Giolitti himself, with whom I conferred personally, did not want to hear my justifications and grievances. I proposed a change: to replace the effigy of the Head of Government with my own. The proposal was accepted. On the posters already hung the replacement was made, simply pasting the image of my head over the incriminating section, but the rain and wind avenged me in time. Among the scraps of my poor head, Giolitti's reappeared again, provoking such hilarity among the public and adding to the attributes of Idrolitina the not indifferent virtue of stimulating good humour[13].

If paper and tin proceed on different tracks this does not preclude opportunities for coming together; for example, we can suppose[14] that the absence of exclusive contracts allowed even the great illustrators to work for a variety of companies, as is the case with Adolf Hohenstein and Leopoldo Metlicovitz between the Officine Grafiche Ricordi and the company of G. Ranci & C. in the early years of the 20th century; in other cases, when the client wishes to adopt a communication strategy and adequately invest in it, the two types coexist; more specifically, paper precedes tin, and on the latter we find declined what was conceived for the former; the creative part is entrusted to the graphic offices of large companies such as Ricordi, Richter or Chappius or to illustrators who work with them, and the production assigned to suppliers for the different processes; if the paper poster stands out on the walls of cities screaming to the world its strength, originality and distinctiveness, the tin plate or sign exercises its complementary role and amplifies in its own spaces the strength of the message of the product and the brand. This is how the signatures of famous illustrators end up on tin, such as Adolf Hohenstein for Cinzano, Marcello Dudovich for Liquore Strega, Achille Luciano Mauzan (on behalf of Maga) for Birra Napoli, Leonetto Cappiello for Cinzano and Martini & Rossi, Giuseppe Magagnoli (Maga) for Vermouth Cora and Cognac Buton, Plinio Codognato and HL Roowy for Pirelli, Adolfo Busi

↑   Stand espositivo in una fiera di settore, 1923

again for Buton, and less well known artists such as Giovanni Scolari for Dreher, Giorgio Muggiani for Brill and Guttalin, Giovanni Mingozzi (Atla) for Ebano, Sigon Pollione for Arrigoni, Mario Pozzati (Maga) for Bonomelli, to name just a few. An example of advertising strategy that embraces every conceivable promotional tool in addition to posters on paper and tin is that adopted by Felice Bisleri[15] and described by Lorenzo Manconi thus:

[...] Who does not remember the old slogan: You want health? Drink Ferro China Bisserei! And who has forgotten the roaring lion, symbol of strength, and the lion with glasses in the advert for 'Psyche'? This pharmaceutical industrialist is shown as bald and with a long beard worthy of a biblical prophet, and he was also a daring inventor of things that certain Americans would not have disdained to claim as their own. Felice Bisleri organised tours, he sent circuses around with live lions for the propaganda and free distribution of Ferro China. He was also a master of the publicity stunt. Towards the end of the last century, the question of lights during theatrical performances had been of great interest to him. Previously the hall was kept well lit; but this was disturbing, because the audience was distracted from the stage, looked at each other, chatted among themselves. So it was decided

poltrone occupate interamente da uomini calvi e sui loro lucidi crani la scritta Ferro China Bisleri. La risata che scoppiò in teatro si ripercosse in un'ondata di ilarità per tutta la città [...][16].

Ma dove vive il manifesto di latta? Su piccole superfici dentro e fuori le pasticcerie, le caffetterie, i bar, le taverne, le drogherie, come ci racconta Dino Villani:

[...] Le fiancate e le testate delle vetrine, i basamenti e le tende dei negozi meno importanti, si trasformano ora in spazi pubblicitari che l'esercente cede, previo compenso, alle casa delle quali tiene i prodotti, per la loro pubblicità. Marche di lucido per calzature, di olio, di cioccolato; marche di liquori, di aperitivi, di acque minerali o di bibite varie, di apparecchi radio, si valgono specialmente di tabelle pubblicitarie, di cristalli dipinti, di insegne luminose collocate all'esterno dei negozi che hanno una numerosa clientela e sono situati in strade di notevole movimento. Il richiamo davanti alla porta del negozio, nel quale si entra per fare acquisti, costituisce sempre una bella pubblicità di ricordo e vale qualche volta quello che costa, sebbene sia difficile

dimostrare sempre che un'altra forma di pubblicità non avrebbe reso altrettanto. La manutenzione di queste tabelle deve essere sempre curata ed è l'esercente stesso che qualche volta si preoccupa di segnalarne lo stato non perfetto per non pregiudicare il decoro del proprio negozio, ma è bene che le ditte effettuino verifiche saltuarie per ordinare gli eventuali rifacimenti [...][17].

Si potrebbe supporre che il compenso richiesto dall'esercente sia relativo alle tasse di affissione che deve sostenere ma dall'esame della legislazione del tempo emerge che non deve nulla all'interno di certi limiti ma affitta i propri spazi ai diversi marchi. Dice infatti la legge:

[...] Sono pure esclusi dalla tassa d'affissione i cartelli, diciture, quadretti, sagomati, ecc. esposti nella vetrina o nelle pareti esterne del negozio quando la loro superficie quadrata (o la superficie quadrata del perimetro che li racchiude) non superi i 50 decimetri quadrati (esempio: un cartello di cm. 100 di base per 50 di altezza non è soggetto a tassa; cm. 100 per 55 è soggetto a tassa) sempre però che si riferiscano al commercio esercitato nei locali stessi

(se cioè un negozio di articoli di gomma mettesse in vetrina un cartello di un liquore su quel cartello graverebbe la tassa di pubblicità qualunque fosse la sua superficie). Tale limitazione di superficie non è invece da considerarsi per quei cartelli che si riferiscono ad articoli fabbricati dallo stesso commerciante[18].

In questa area protetta da dazi e gabelle il manifesto di latta esprimerà la sua forza con temi e figure classiche o segnalando la possibilità di acquistare o consumare un prodotto in quel luogo attraverso la sua semplice rappresentazione: una bottiglia se si tratta di vini, liquori, bibite in genere, oppure una tanica di benzina o di olio lubrificante se ci troviamo in una stazione di rifornimento o presso un'officina meccanica, o una scatola di lucido da scarpe in una drogheria. L'apposizione del solo nome del prodotto lo ritroviamo nelle targhe dedicate alla birra, primo segnale del tramonto della targa di latta che sarà via via sostituita dalle placche smaltate, nuovi supporti dalle linee grafiche semplici, dai colori vivi e brillanti, resistenti alle intemperie, indistruttibili.

[1] G.P. Ceserani, *Vetrina della Belle Epoque*, Bari 1980 p. 10.
[2] L. Mengazzi, *L'epoca d'oro del manifesto*, Milano 1977, p. 43.
[3] D. Cimorelli, M. Gabbani, M. Gusmeroli, *Scatole di Latta 1885-1950*, Cinisello Balsamo 2016 pp. 8-27
[4] A. Gazzoni, *Vendere, vendere, vendere*, Milano 1928.
[5] Si veda "L'illustrazione Italiana", LIII, 5, 31 gennaio 1926, pp. 134-135.
[6] Si veda per un approfondimento della produzione della E. Passero & C. il volume *L'arte di Latta - arte e industria contro l'effimero: mezzo secolo di attività delle officine E. Passero di Monfalcone*, Gorizia 1986 e *Réclame Manifesti e bozzetti del primo '900 dal fondo Passero e Chiesa*, Mariano del Friuli 2013, dove si può approfondire la storia dell'azienda e dei suoi prodotti
[7] Si veda E.A. Marescotti e E. Ximenes (a cura di) , *Milano e l'Esposizione Internazionale del Sempione 1906*, Milano 1906, pp. 326 sgg.: "[...] Lo stabilimento Gottardo De Andreis ha una mostra di carattere artistico genialissimo. L'arte litografica venne mirabilmente adattata alla decorazione della latta ed il De Andreis ci porge un largo campionario in stile liberty con vaghissime combinazioni di disegni e colori vivaci. L'industria del De Andreis ne ha figliato un'altra sorella. Quella che trasforma i grandi fogli di latta decorata nei piccoli e grandi barattoli multicolori, a racchiudere le mercanzie. E le vetrine della fabbrica Savio ci porgono un campionario ricchissimo dalle varie fogge e dimensioni; così pure quelli di Aldo Falchi & C. e del Nasturzio [...]"; si veda anche, M. Gusmeroli, *Stelle di Latta*, Milano 2005, p. 11; si veda pure *Un'idea di città*, *Sampierdarena nell'epoca del Liberty*, Genova 1986.

[8] Si veda W. Fochesato, *Firme, sigle, riusi ed invenzioni.Gli illustratori le scatole di latta*, in *Dalla latta alla scatola e viceversa*, Genova 2002, pp. 111 sgg.
[9] Si veda la "Gazzetta del Popolo" della domenica, 16 ottobre 1898, n. 42, pp. 332-333.
[10] Si veda per un confronto tra la produzione italiana e la produzione americana di manifesti di latta ad esempio, D. Congdon-Martin, *America for Sale, A collector's guide to Antique Advertising*, West Chester (Usa) 1991.
[11] *L'Arte in Réclame*, conferenza del pittore Luciano Ramo all'Università Popolare di Milano, Milano 1917, p. 14.
[12] Ivi, p. 15.
[13] Gazzoni, *Vendere, vendere, vendere* cit., pp. 140-145.
[14] Dopo un confronto con Stefano Sbarbaro che sta lavorando alla ricostruzione della storia delle Officine Grafiche Ricordi, seppur non suffragato da fonti documentarie, contratti o corrispondenza, concordiamo nel ritenere che gli illustratori non firmavano vere e proprie esclusive, rimanendo liberi di collaborare con aziende che operavano nel medesimo settore o in settori similari. Questo spiegherebbe la presenza di manifesti di latta diversi dai cartacei firmati ad esempio da Adolf Hohenstein o Leopoldo Metlicovitz nel 1905 prodotti dalla G. Ranci & C. che operò dal 1897 al 1906 prima di fondersi nella Metalgraf.
[15] Si veda il volume L. Colapinto, A. Annetta, *Il Farmaco nel Periodo Autarchico*, Sansepolcro 2005, che relativamente al tema della pubblicità scrive (p. 101): "[...] Negli anni che precedettero la Prima Guerra Mondiale l'unica ditta farmaceutica a mettere in atto una seria campagna pubblici-

taria fu la Bisleri di Milano. I Motivi di questa situazione vanno ricercati nella produzione da parte della Bisleri di due prodotti di larghissimo uso: l'Esanofele un notissimo antimalarico ed il famosissimo antimalarico ricostituente Ferro-China Bisleri. questi due farmaci consentivano alla ditta farmaceutica dei fatturati estremamente elevati data l'alta incidenza delle patologie per le quali erano prescritti. Tuttavia la Bisleri cominciò ad avere dei seri problemi quando, con la legge Celli del 1900, lo Stato iniziò una dura lotta contro la malaria con la produzione e distribuzione a prezzi molto bassi del Chinino di Stato. E proprio a partire da questo momento la Bisleri cominciò a reagire mettendo in atto una duplice strategia: da una parte un'offensiva commerciale con la differenziazione di tutti i prodotti in listino; dall'altra una vastissima e assai ben congegnata campagna pubblicitaria basata sull'evidenziazione di tre prodotti di spicco: il già citato Ferro-China Bisleri, l'Esanofele e l'Acqua Nocera Umbra. Grazie a tali iniziative la Bisleri riesci a contenere la riduzione delle vendite di Esanofele con l'incremento di fatturato degli altri due prodotti in particolare con il Ferro-China, la cui pubblicità ovviamente non metteva in risalto le supposte qualità antimalariche, bensì veniva esclusivamente propagandato come amaro tonico [...]".
[16] L. Manconi, *La pubblicità*, Milano 1956, pp. 297-298.
[17] D. Villani, *La Pubblicità e i suoi segreti*, Milano 1946, pp. 157-158.
[18] G. Ricciardi, *Pubblicità e Propaganda in Italia*, Napoli 1936, p. 262.

then that, during shows, only the footlights should remain on. One fine evening, after the first act, the house lights were turned on and what did people see? The first two rows of the stalls were occupied entirely by bald men and on their shiny skulls stood out the message Ferro China Bisleri. The laughter that broke out in the theatre could be felt in a wave of hilarity throughout the city [...][16].

But where do tin signs live? On small surfaces inside and outside pastry shops, cafes, bars, taverns and general stores, as Dino Villani tells us:

[...] The side and front shop windows, the bases and curtains of less important shops, are now transformed into advertising spaces that the merchant gives, in exchange for a fee, to the producers of the products he sells, for their advertising. Brands of shoe polish, oil, chocolate; liqueurs, aperitifs, mineral water or various soft drinks, radio equipment, are especially suited to advertising tables, painted crystals, illuminated signs outside the shops that have a large clientele and are to be found in streets notable for the number of passers-by. The call in front of the shop door, which people enter to shop, is always a good advertisement to remind them and worth a few times what it costs, although it is always difficult to show that another form of advertising would not have achieved the same result. The maintenance of these tables has to always be attentive and it is the shopkeeper themselves who sometimes takes the trouble to report that something is not perfect in order so as not to affect the appearance of their shop, but it is also a good idea for companies to make occasional checks to order any repair work required [...][17].

It could be assumed that the fee required by the shopkeeper is related to the billposting tax that must be met, but from an examination of the legislation of the time it emerges that they owe nothing within certain limits but rent their spaces to a variety brands. In fact, the law says:

[...] Exempt from tax are signs, inscriptions, squares, shapes, etc. exposed in shop windows or on the outer walls of the shop when their square surface (or the square surface of the enclosing perimeter) does not exceed 50 square decimetres (example: a sign of 100 cm base by 50 in height is not subject to tax, while 100 cm by 55 is), so long as it refers to the trade exercised in the premises themselves (i.e. if a shop selling rubber goods displays an advertising sign for a liquor, tax would be payable on that sign whatever its surface). This limitation regarding surface area is not to be considered for those signs referring to articles manufactured by the shopkeeper themselves[18].

In this area protected by tariffs and tolls, the tin sign will express its strength with classic themes and figures or signalling the possibility of buying or consuming a product in that establishment through its simple representation: a bottle if talking about wines, liqueurs, drinks in general, or a can of gasoline or lubricating oil if we are in a petrol station or a mechanic's workshop, or a box of shoe polish in a general store. Simply the name of the product can be found in the plates dedicated to beer, the first sign of the sunset of the tin sign which will gradually be replaced by enamelled plates, new supports with simple graphic lines, bright and vivid colours, resistant to the elements, and indestructible.

[1] G.P. Ceserani, *Vetrina della Belle Epoque*, Bari, 1980 p. 10.
[2] L. Mengazzi, *L'epoca d'oro del manifesto*, Milan, 1977, p. 43
[3] D. Cimorelli, M. Gabbani, M. Gusmeroli, *Scatole di Latta 1885-1950*, Cinisello Balsamo, 2016, pp. 8-27
[4] A. Gazzoni, *Vendere, vendere, vendere*, Milan 1928.
[5] Cf. "L'illustrazione Italiana", LIII, 5, 31 January 1926, pp. 134–135.
[6] For an in-depth analysis of the production of E. Passero & C., cf. the volume *L'arte di Latta - arte e industria contro l'effimero: mezzo secolo di attività delle officine E. Passero di Monfalcone*, Gorizia, 1986 and, Various Authors, *Réclame Manifesti e bozzetti del primo '900 dal fondo Passero e Chiesa*, Mariano del Friuli, 2013, which contains information about the history of the company and its products.
[7] Cf. E.A. Marescotti and E. Ximenes (eds), *Milano e l'Esposizione Internazionale del Sempione 1906*, Milan, 1906, p. 326 and ff.: "[...] The Gottardo De Andreis factory has a showcase of a very clever artistic character. The lithographic art is admirably adapted to the decoration of tin, and De Andreis offers us a wide range of samples in Art Nouveau style with the vaguest combinations of designs and lively colours. The industry of De Andreis has given birth to another sister. One that transforms large sheets of decorated tin in small and large multicoloured containers, to hold produce. And the Savio factory showcase offers us a very rich showcase in various styles and sizes; as do those of Aldo Falchi & C. and Nasturzio as well. [...]"; cf. also, M. Gusmeroli, *Stelle di Latta*, Milan, 2005, p. 11; cf. also, *Un'idea di città, Sampierdarena nell'epoca del Liberty*, Genoa, 1986.

[8] Cf. W. Fochesato, 'Firme, sigle, riusi ed invenzioni. Gli illustratori delle scatole di latta', in A. Zunino, F. Calaminici, *Dalla latta alla scatola e viceversa*, Genoa, 2002, pp. 111 ff.
[9] Cf. *Gazzetta del Popolo della Domenica*, 16 October 1898, no. 42, pp. 332–333.
[10] For a comparison between Italian and American production of tin advertising posters, cf., for example, D. Congdon-Martin, *America for Sale, A collector's guide to Antique Advertising*, West Chester (USA), 1991.
[11] *L'Arte in Réclame*, lecture by the painter Luciano Ramo at the Università Popolare di Milano, Milan, 1917, p. 14.
[12] Ibid., p. 15.
[13] A. Gazzoni, *op. cit.*, pp. 140–145.
[14] After a discussion with Stefano Sbarbaro who is working on reconstructing the history of the Officine Grafiche Ricordi, although not supported by documentary sources, contracts or correspondence, we agree that illustrators did not sign exclusive contracts, remaining free to collaborate with companies that operated in the same or similar sectors. This would explain the presence of tin advertising that is different from the paper one signed by, for example, Adolf Hohenstein or Leopoldo Metlicovitz in 1905 produced by G. Ranci & C. which worked from 1897 to 1906 before merging with Metalgraf.
[15] Cf. Leonardo Colapinto, Antonino Annetta, *Il Farmaco nel Periodo Autarchico*, Sansepolcro, 2005, which in relation to the theme of advertising says (p. 101): "[...] In the years leading up to the First World War, the only pharmaceutical company to launch a serious advertising campaign was Bisleri of Milan. The reasons for this are to be found in the production on the part of Bisleri of two products that were used extensively: Esanofele, a famous antimalarial drug and the even more famous antimalarial tonic Ferro-China Bisleri. These two products provided the pharmaceutical company with extremely profitable income streams because of the high incidence of the pathologies for which they were prescribed. But Bisleri started to have serious problems when, with the Celli Law of 1900, the State began a fierce struggle against malaria with the production and distribution at very low prices of State quinine. And it was from precisely that moment that Bisleri started to react with a two-pronged strategy: on the one hand, a commercial offensive with the differentiation of all the products in their price list; on the other, an enormous and well-run advertising campaign based on highlighting their three stand-out products: the abovementioned Ferro-China Bisleri, Esanofele and Acqua Nocera Umbra. Thanks to these initiatives Bisleri managed to deal with the reduction in sales of Esanofele with increased income from the other two products, in particular with Ferro-China, the advertising of which obviously did not highlight its supposed antimalarial qualities, but rather only pushed it as a bitter tonic [...]."
[16] L. Manconi, *La pubblicità*, Milan, 1956, pp. 297-298.
[17] D. Villani, *La Pubblicità e i suoi segreti*, Milan, 1946, pp. 157-158.
[18] G. Ricciardi, *Pubblicità e Propaganda in Italia*, Naples, 1936, p. 262.

Pubblicità!
Advertising!

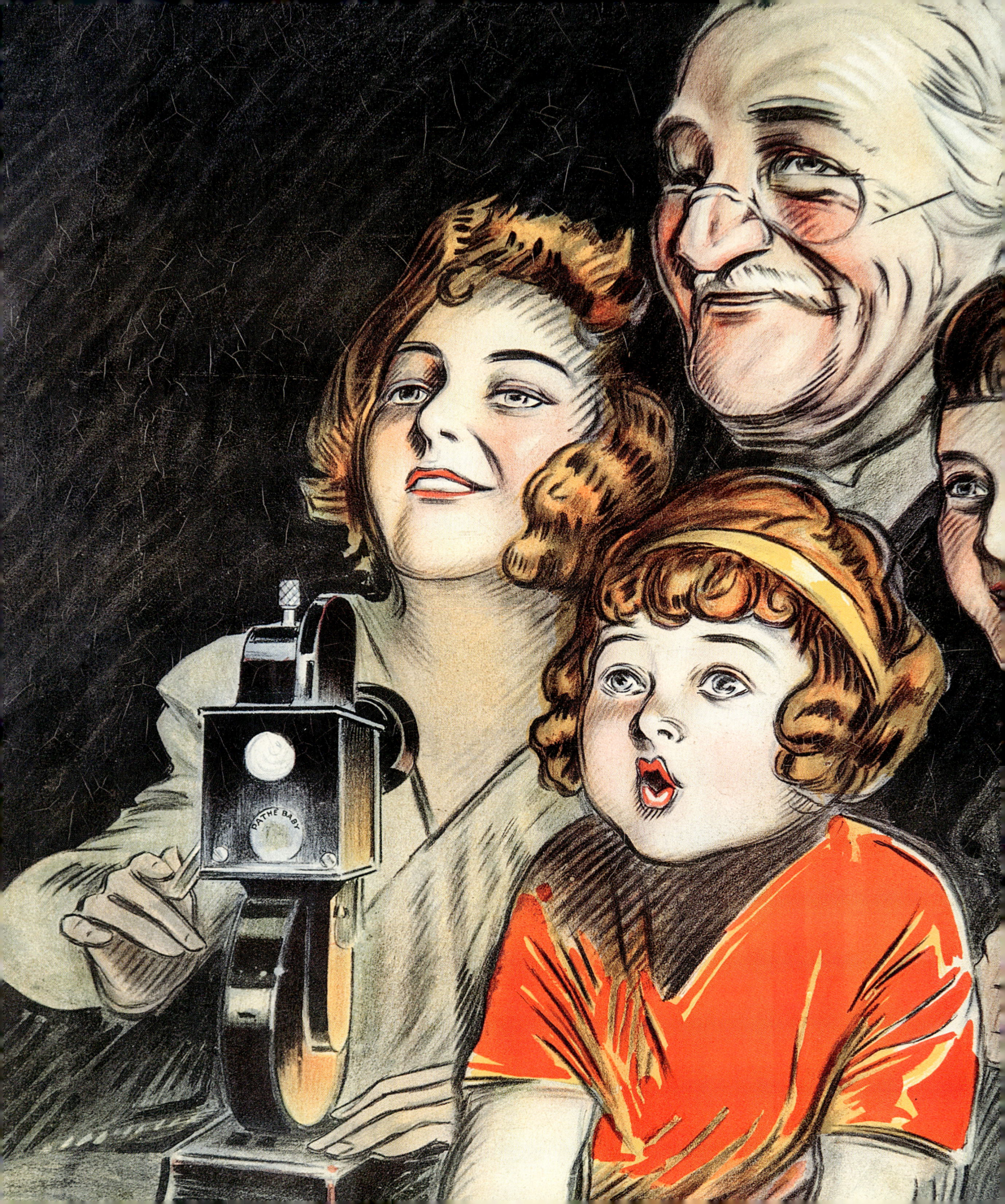

← Piatto commemorativo
Milano
25 cm
G. De Andreis
Sampierdarena
circa 1900

← Piatto ricordo delle
Esposizioni Riunite
di Milano
25 cm
G. De Andreis
Sampierdarena
1894

← Fernet e Japon Bitter Pietro
De Vecchi, rendiresto
6 x 10 cm
G. De Andreis
Sampierdarena
1906

← Fernet e Japon Bitter Pietro
De Vecchi, rendiresto
6 x 10 cm
G. De Andreis
Sampierdarena
1906

← Fernet e Japon Bitter Pietro
De Vecchi, rendiresto
6 x 10 cm
G. De Andreis
Sampierdarena
1906

↑ Fernet Branca in occasione
delle Esposizioni Riunite
di Milano, rendiresto
6 x 10 cm
G. De Andreis
Sampierdarena
1894

↑ Fernet e Japon Bitter Pietro
De Vecchi, rendiresto
10 x 6 cm
G. De Andreis
Sampierdarena
1906

Piatti commemorativi
Esposizione Milano 1906
Caffè Luigi Rossa
35 cm
G. Ranci & C., Milano
1906

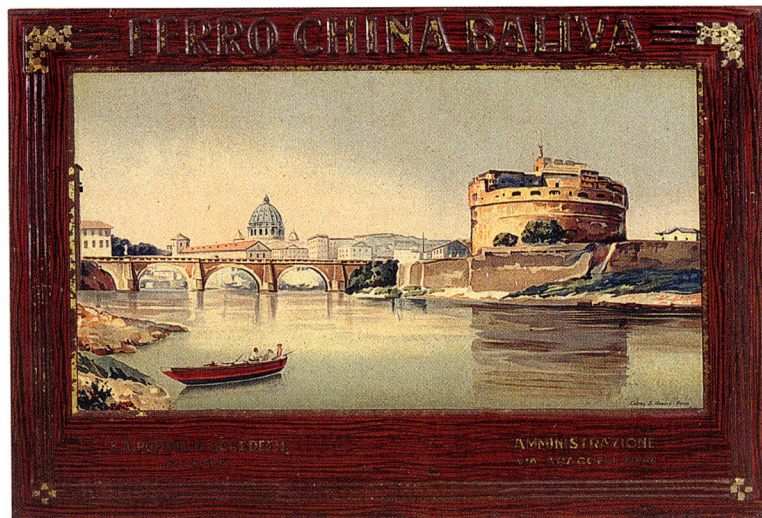

↑ Ferro China Baliva
35 x 50 cm
circa 1930

↖ Successori di R. Calzoni
rendiresto
6 x 10 cm
G. De Andreis
Sampierdarena
1900

← Piatto Ferro China Baliva
40 cm
circa 1900

← Hotel Italia
48 x 34 cm
circa 1930

↑↑ Piatto ricordo
dell'Esposizione Nazionale
di Torino e del Cinquantenario
dello Statuto 1848-1898
20 cm
A. Matossi, Torino
1898

↑↑ Piatto ricordo dedicato al 41°
Anno di vita della Gazzetta
dell'Emilia
35 x 45 cm
G. De Andreis
Sampierdarena
1900

↑↑ Vassoio commemorativo
dedicato a Genova
30 x 20 cm
circa 1900

→ Panforte Sapori
32 cm
Metalgraf, Milano
circa 1920

→ Panforte Sapori
32 cm
Metalgraf, Milano
circa 1920

→ Romolo Tessari
Orologio in ricordo della
ricostruzione del Campanile
di Venezia
45 cm
G. De Andreis
Sampierdarena
1912

↓ Vassoio celebrativo
del Giubileo del 1925
25 x 35 cm
1925

↓ Vassoio ricordo
dell'Anno Santo
25 x 35 cm
1925

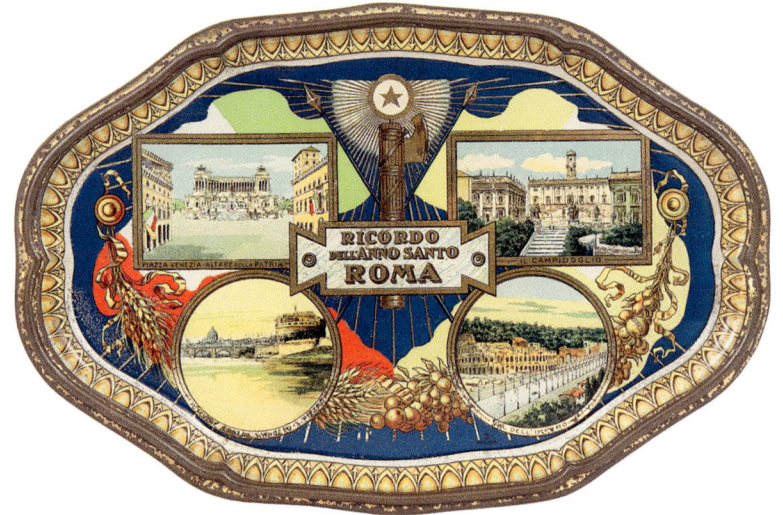

← Rendiresto celebrativo
del Giubileo del 1900
6 x 10 cm
1900

↘↘ Piatti celebrativi
del matrimonio tra Vittorio
Emanuele III ed Elena
del Montenegro
30 cm
1896

↘↘ Premiato Stabilimento
a Vapore Fratelli Zappoli,
rendiresto celebrativo
del matrimonio
tra Vittorio Emanuele III
ed Elena del Montenegro
6 x 10 cm
1896

↘↘ Piatto celebrativo del
matrimonio tra re Umberto di
Savoia e Maria José del Belgio
22 cm
1930

↓ Cassa Nazionale Malattie
15 x 20 cm
1934

↓ Leopoldo Metlicovitz
Acquistate prodotti italiani!
100 x 70 cm
Metalgraf, Milano
circa 1930

→ Se Avanzo ... Seguitemi
25 x 18 cm
1936

→ Noi tireremo diritto
10 x 18 cm
circa 1935

Vassoi
20 x 30 cm
circa 1910

↑↗ Vassoi
20 x 30 cm
circa 1920

→ Vassoio corteggiamento
20 x 30 cm
circa 1900

↓↘ Vassoi calcio
20 x 30 cm
circa 1910

Effervescente Brioschi
96 x 35 cm
G. De Andreis, Sampierdarena
circa 1910

Osvaldo Ballerio
Acqua di Bognanco
70 x 50 cm
Metalgraf, Milano
circa 1920

Tamarindo Erba

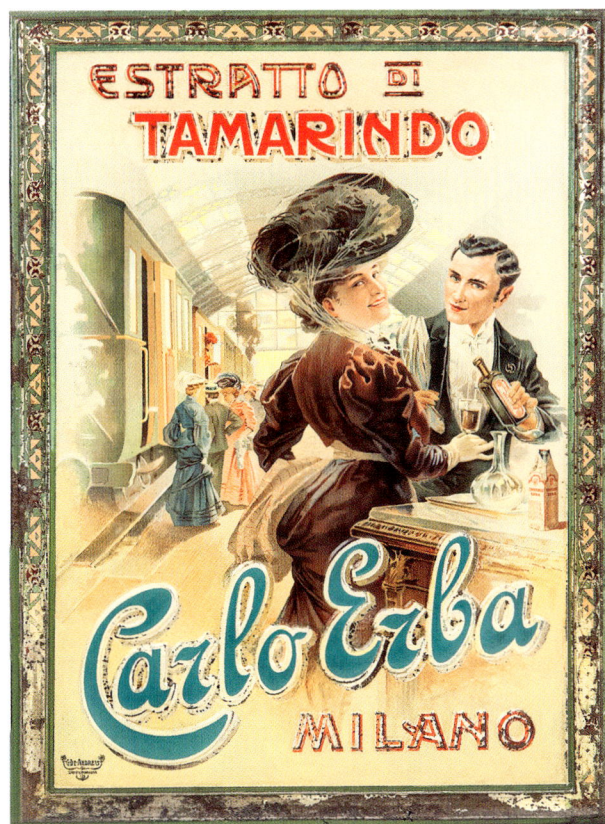

↑↑   Osvaldo Ballerio
Tamarindo Erba
26 x 49 cm
G. De Andreis, Sampierdarena
circa 1920

↖   Osvaldo Ballerio
Estratto di Tamarindo Carlo Erba
50 x 35 cm
G. De Andreis, Sampierdarena
circa 1920

↑   Acqua Claudia
45 cm
circa 1910

Acqua Nocera Umbra
F. Bisleri & C.
50 cm
G. De Andreis, Sampierdarena
circa 1910

Gasose Sanvico
31 x 24 cm
circa 1920

Acqua Nocera Umbra
Felice Bisleri & C.
100 x 70 cm
G. Ranci & C., Milano
circa 1900

Acqua Nocera Umbra
F. Bisleri & C.
45 x 15 cm
G. De Andreis, Sampierdarena
circa 1920

Bibita Dora
48 x 34 cm
circa 1930

Acque minerali artificiali
Camillo Duprè & C.
35 x 25 cm
circa 1890

Osvaldo Ballerio
Sciroppo d'uva Valli
G. De Andreis, Sampierdarena
48 x 34 cm
circa 1920

Ercole Giommi
Acqua Giommi
50 x 35 cm
Metalgraf, Milano
1928

Arancio Spremuta
Manara
35 x 25 cm
circa 1950

Giorgio Muggiani
Acqua Recoaro
35 x 25 cm
circa 1930

← Nico Edel
Cinzanino, vassoio
25 x 35 cm
circa 1930

← Crodo, vassoio
25 x 35 cm
1940

← Bibite Pan
35 x 25 cm
1950

← Ercole Giommi
Acqua Giommi
35 x 25 cm
1928

← Acqua Pietro Martini
15 cm
circa 1920

← Iral
30 x 20 cm
circa 1950

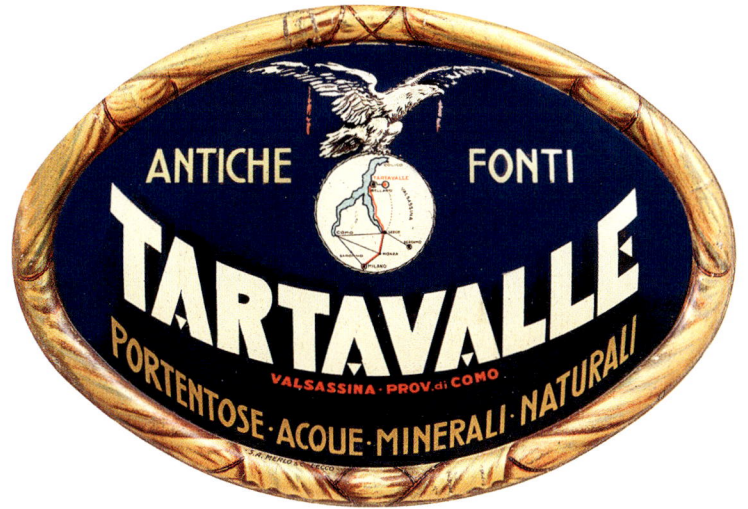

← Coca-Cola
35 x 17 cm
G. De Andreis, Sampierdarena
circa 1920

↑↑ Antiche Fonti Tartavalle
25 x 35 cm
Merlo, Lecco
circa 1930

↖ Aranciata San Pellegrino
100 x 35 cm
Metalgraf, Milano
circa 1940

↑ Acqua minerale
San Pellegrino, 100 x 35 cm
Metalgraf, Milano
circa 1940

Birra Cervisia

Birra Messina
70 x 100 cm
G. De Andreis, Sampierdarena
circa 1920

Birra Messina
100 x 70 cm
G. De Andreis, Sampierdarena
circa 1920

↓ Giovanni Battista Guerzoni
Birra Cagnucci
50 x 35 cm
G. De Andreis
Sampierdarena
circa 1920

→ Trim
Birra Verona
60 x 38 cm
G. De Andreis
Sampierdarena
circa 1930

↘ Romolo Tessari
Birra Poggi
50 x 35 cm
G. De Andreis
Sampierdarena
circa 1920

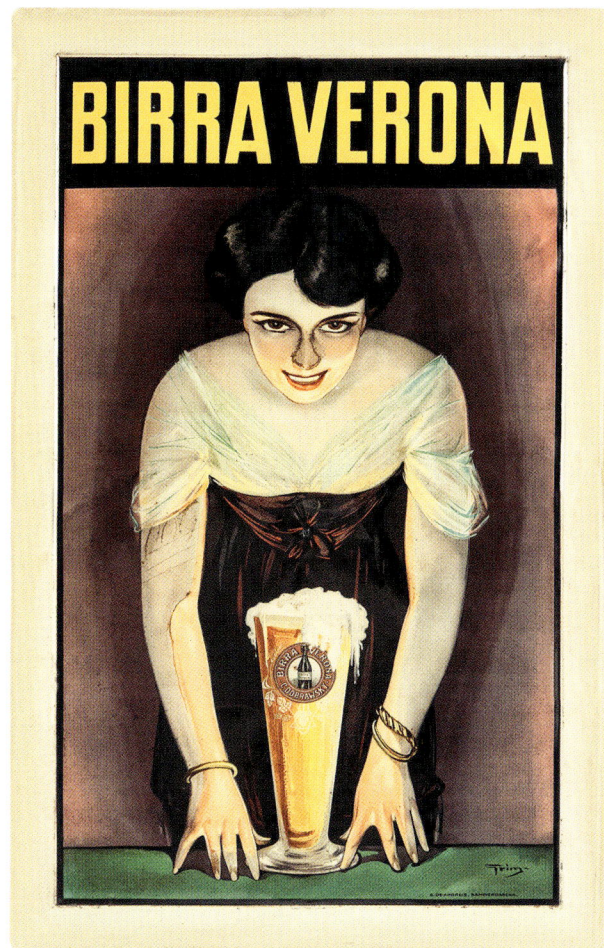

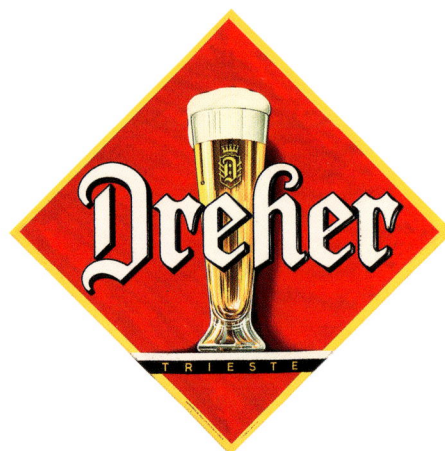

Giovanni Scolari
Birra Dreher
49 x 69 cm
E. Passero & C., Monfalcone
circa 1920

Birra Dreher
24 x 50 cm
Saturnia, Lubiana
circa 1930

Birra Dreher
42 x 24 cm
Saturnia, Lubiana
circa 1930

Birra Dreher
40 x 40 cm
E. Passero & C., Monfalcone
circa 1930

Giovanni Scolari
Birra Dreher
50 x 35 cm
E. Passero & C., Monfalcone
circa 1920

↓ Aldo Mazza
Birra Italia, vassoio
31 x 24 cm
Brill, Affori
circa 1930

↓↓ Birra L. Grobner
50 x 35 cm
G. De Andreis
Sampierdarena
circa 1910

↓ Romolo Tessari
Birra Peroni
50 x 35 cm
G. De Andreis
Sampierdarena
circa 1910

→ Aldo Mazza
Birra Italia, termometro
48 x 35 cm
Marazza, Milano
circa 1920

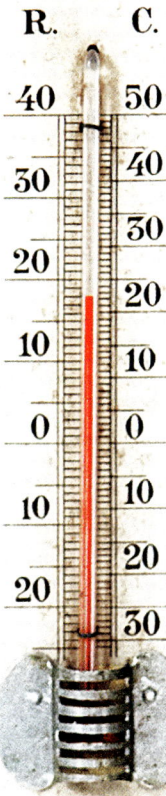

← Birra Raffo
35 x 24 cm
circa 1920

← Birra Raffo
20 x 40 cm
Metalgraf, Milano
circa 1920

Birra Peroni
35 x 25 cm
Lattografica, Napoli
circa 1920

Achille Luciano Mauzan
Birra Napoli
35 x 25 cm
Metalgraf, Milano
circa 1930

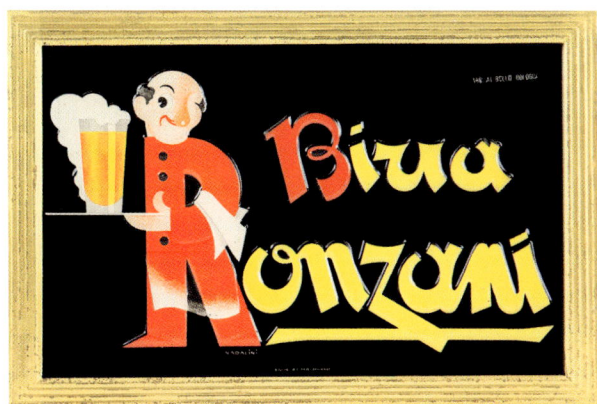

Nadalini
Birra Ronzani
20 x 35 cm
Metalgraf, Milano
circa 1930

↓   Chi beve birra
    campa cent'anni
    100 x 70 cm
    Metalgraf, Milano
    circa 1930

↓   Franco Segala
    Birra Moretti
    100 x 70 cm
    E. Passero, Monfalcone
    circa 1930

→   Birra Napoli
    100 x 70 cm
    G. De Andreis
    Sampierdarena
    circa 1920

↘ Birra Verona
36 x 25 cm
circa 1920

↘ Birra Metzger
34 cm
Metalgraf, Milano
circa 1920

↘ Birra Durio
41 cm
Metalgraf, Milano
circa 1920

↘ Birra Gossensass, vassoio
35 x 45 cm
circa 1920

→ Birra Agustoni & C.
35 x 50 cm
G. De Andreis
Sampierdarena
circa 1910

↘ Birra Dormisch, vassoio
31 x 24 cm
circa 1930

↘ Birra Nazionale
35 x 50 cm
Metalgraf, Milano
circa 1920

Fabbrica Birra AGUSTONI & C.i

CASA FONDATA nel 1858

FABBRICA BIRRA AGUSTONI & C.

Filiali:
MILANO
COMO
MONZA

CHIAVENNA

Birra Dormisch Udine

Birra Dormisch
Fabbrica Birra
G.B.P.
Udine

BIRRARIA NAZIONALE
TIPI PILSEN E MONACO
LOCARNO

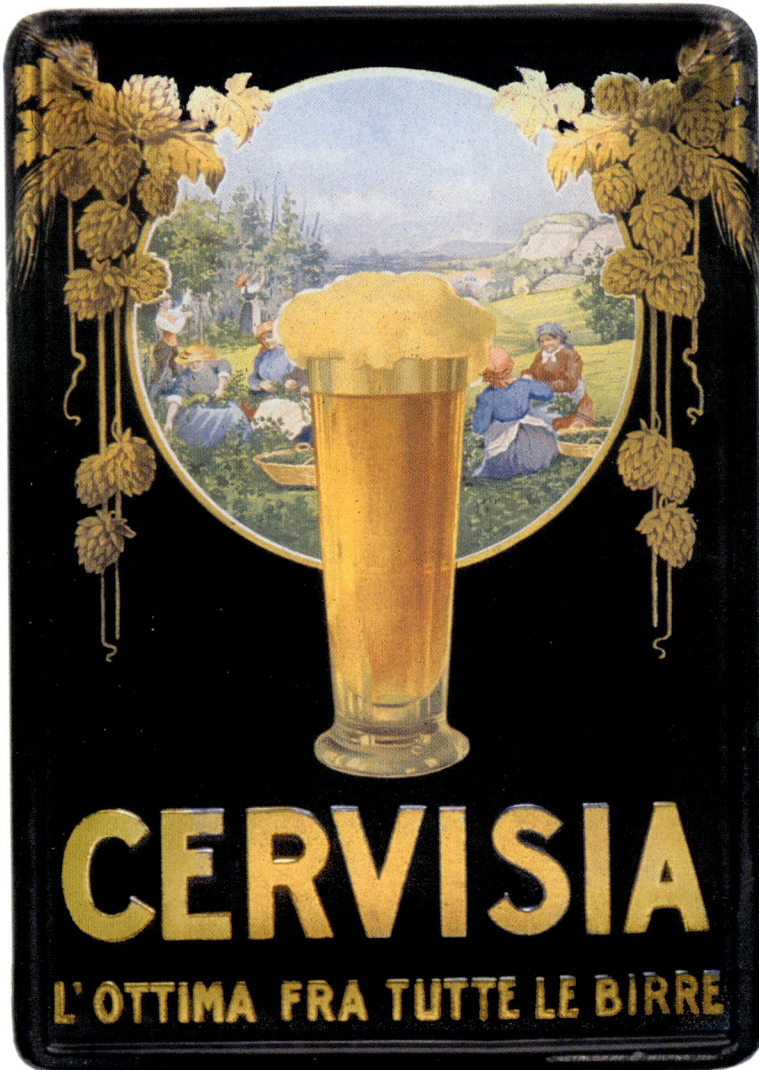

Birra Cervisia
50 x 35 cm
Metalgraf, Milano
circa 1910

La Birra Nutre
100 x 70 cm
Metalgraf, Milano
circa 1930

↑↑ Birra Peroni
30 x 40 cm
circa 1920

↑↑ Birra Peroni
24 x 50 cm
G. De Andreis
Sampierdarena
circa 1920

↑ Birra Itala Pilsen
50 x 65 cm
G. De Andreis
Sampierdarena
circa 1930

↑↑ Birra Peroni
30 x 40 cm
Metalgraf, Milano
circa 1940

↑ Birra Peroni
41 x 31 cm
G. De Andreis
Sampierdarena
circa 1910

← Birra Dormisch
35 x 50 cm
E. Passero & C., Monfalcone
circa 1930

← Birra Wührer
50 x 70 cm
Metalgraf, Milano
circa 1920

← Birra Moretti
35 x 50 cm
E. Passero & C., Monfalcone
circa 1930

← Birra Moretti
35 x 50 cm
E. Passero & C., Monfalcone
circa 1930

← Birra Boringhieri
28 x 49 cm
Metalgraf, Milano
circa 1910

← Birra Bosio & Caratsch
26 x 43 cm
Metalgraf, Milano
circa 1920

← Birra Italia
24 x 31 cm
G. De Andreis
Sampierdarena
circa 1920

→ Birra Michel
20 x 50 cm
circa 1920

→ Birra Milano
24 x 50 cm
Metalgraf, Milano
circa 1920

→ Birra Pallanza
11 x 34 cm
Fisem, Milano
circa 1920

→ Birra Pedavena
25 x 75 cm
Saturnus, Lubiana, 1932

 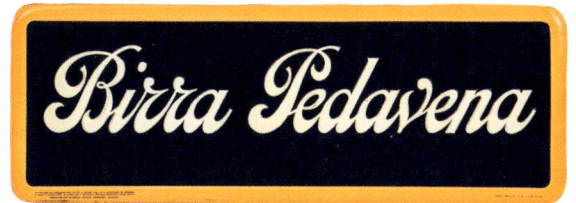

→ Birra Venezia
35 x 50 cm
Metalgraf, Milano
circa 1930

→ Birra Venezia
35 x 50 cm
Metalgraf, Milano
circa 1930

→ Birra Seriate
35 x 50 cm
Istituto Arti Grafiche
Bergamo
circa 1930

→ Birra Livorno
70 x 100 cm
Metalgraf, Milano
circa 1930

→ Birra Alessandria
25 x 35 cm
Litografia in proprio
circa 1920

→ Birra Piemonte
35 x 40 cm
circa 1920

← Distillerie Pedroni, vassoio
35 x 45 cm
circa 1900

← Liquori Pedroni, vassoio
25 x 31 cm
circa 1900

← E. Isolabella e figlio, vassoio
25 x 31 cm
circa 1900

↑   J. Serravallo
40 cm
circa 1900

→   Fernet De Vecchi, vassoio
25 x 35 cm
circa 1900

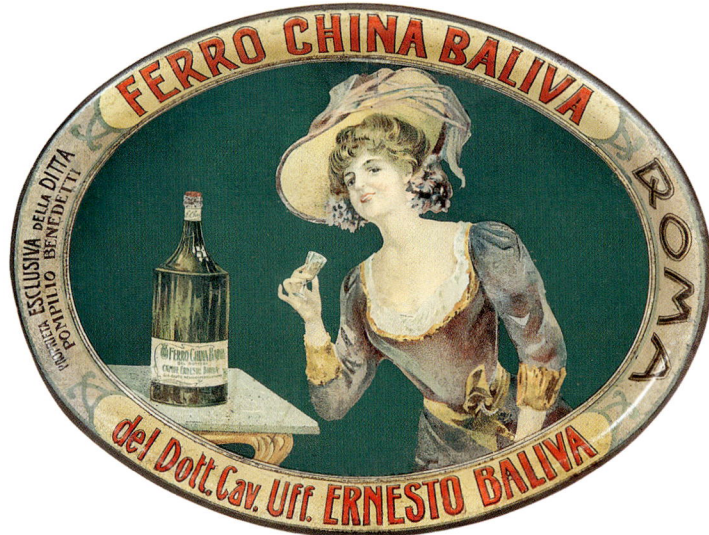

↑↑ Romolo Tessari
Ferdinando Dal Corno
34 x 49 cm
G. De Andreis
Sampierdarena
circa 1910

← Romolo Tessari
Ferro China Guasti
50 x 35 cm
G. De Andreis
Sampierdarena
circa 1910

↑ Ferro China Baliva, vassoio
25 x 31 cm
circa 1900

↓ Cordial Gaudina
49 x 16 cm
De Andreis Casanova
Sampierdarena
circa 1920

↓ Stabilimento Enologico
Fratelli Don & C.
50 x 35 cm
Metalgraf, Milano
circa 1910

Vermouth-Ballor
25 x 40 cm
Prager & Lojda, Berlino
circa 1920

Liquori Alfonso Penna & C.
50 x 35 cm
Metalgraf, Milano
circa 1910

Vino Chinato Trinchieri
35 x 25 cm
1910

Ferro China Guasti, vassoio
30 x 22 cm
circa 1900

China-China Pisanti
68 x 49 cm
circa 1910

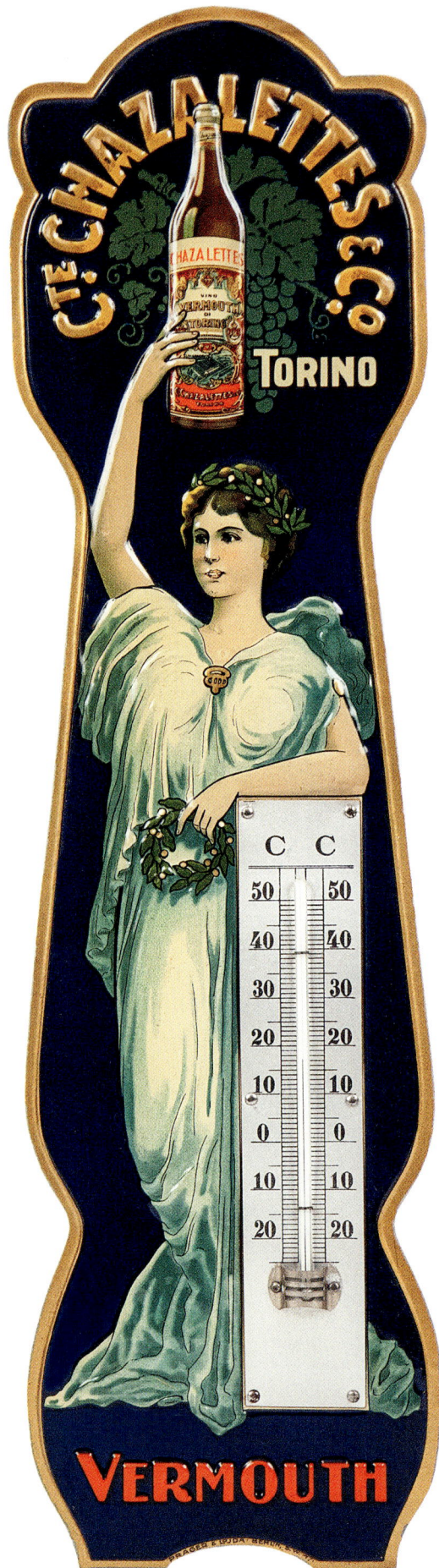

← Vermouth Chazalettes & C.
termometro
50 x 14 cm
Prager & Loyda, Berlino
circa 1910

↓ VOV Pezziol
50 x 35 cm
circa 1920

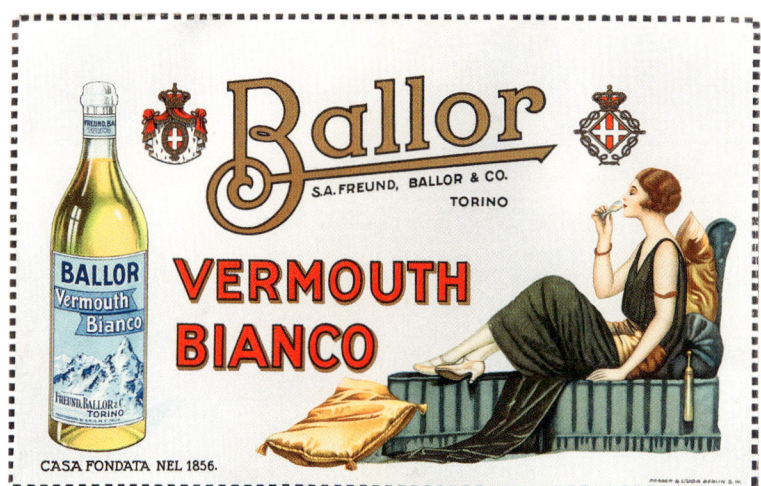

↑↑   Aleardo Villa
Cordial Campari
56 x 40 cm
Cellograph
circa 1900

↑   Amaro Felsina Ramazzotti
25 x 40 cm
Prager & Lojda
Berlino
circa 1920

↑↑   Aleardo Villa
Bitter Campari
56 x 40 cm
Cellograph
circa 1900

↑   Romolo Bernardi
Vermouth Ballor
35 x 50 cm
1912

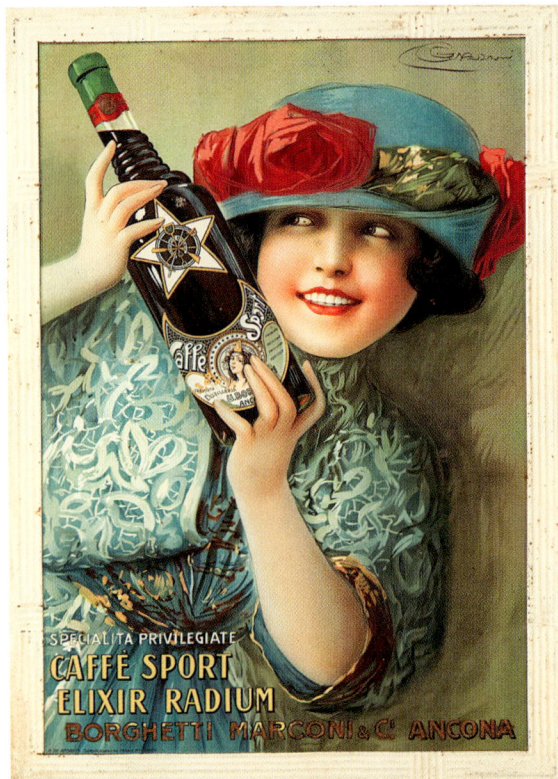

← Giovanni Battista Guerzoni
Caffè Sport Borghetti
50 x 35 cm
G. De Andreis, Sampierdarena
circa 1920

← Spumanti Dionis
45 x 30 cm
Metalgraf, Milano
circa 1920

↑ Vino chinato
Cocchi Molina
38 x 29 cm
G. De Andreis, Sampierdarena
circa 1910

↑ Giovanni Battista Guerzoni
Cognac Tenerelli
48 x 32 cm
G. De Andreis, Sampierdarena
circa 1920

Leopoldo Metlicovitz
Fernet-Branca
50 x 34 cm
Istituto Arti Grafiche
Bergamo
circa 1910

← Giovanni Battista Guerzoni
Premiata Distilleria Vigo
& Doccioli
50 x 70 cm
G. De Andreis, Sampierdarena
circa 1920

↑ Cognac Lorenzo Mancini & C.
48 x 34 cm
G. De Andreis,
Sampierdarena
circa 1910

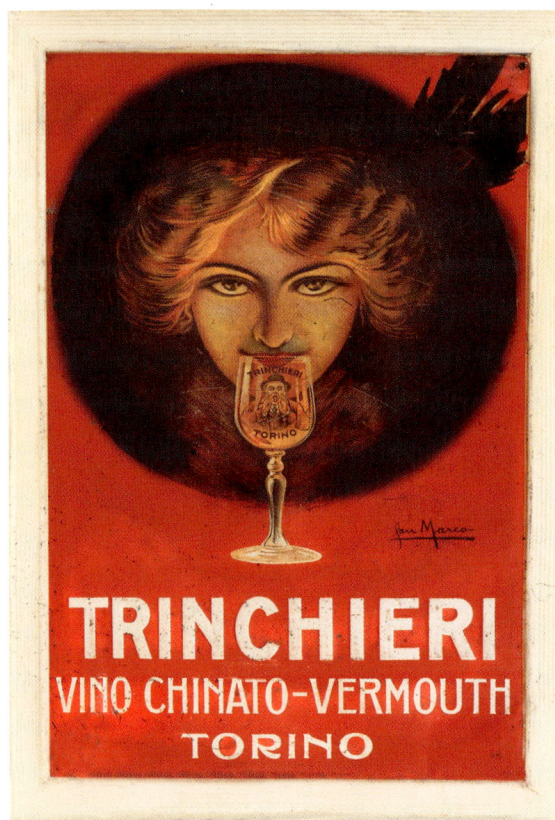

↑ Vino chinato-vermouth
Trinchieri
100 x 70 cm
Arrigo Coen, Milano
circa 1920

Vermouth E. Martinazzi & C.
50 x 35 cm
G. De Andreis, Sampierdarena
circa 1900

Caffè Sport
Borghetti-Marconi & C.
50 x 35 cm
G. De Andreis, Sampierdarena
circa 1920

↓ Marcello Dudovich
Liquore Strega
46 x 34 cm
Metalgraf, Milano
1905

↓ Marcello Dudovich
Liquore Strega
48 x 33 cm
Metalgraf, Milano
circa 1920

→ Josè Gentilini
Liquore Strega
50 x 35 cm
circa 1900

↖   Galileo Chini
      Vini Martinez & C., vassoio
      30 cm
      Metalgraf, Milano
      circa 1910

↑↑   Galileo Chini
      Gancia, vassoio
      30 cm
      Metalgraf, Milano
      circa 1910

←   Gian Emilio Malerba
      Cognac La Victoire
      Ramazzotti
      43 x 24 cm
      G. De Andreis, Sampierdarena
      circa 1920

↑   Amaro Gambarotta
      40 cm
      circa 1910

Coca Buton
35 x 50 cm
G. De Andreis, Sampierdarena
circa 1910

Elio Ximenes
Vini Fratelli Caretti
40 x 30 cm
G. De Andreis, Sampierdarena
circa 1910

Vermouth La Torino
35 x 50 cm
Metalgraf, Milano
circa 1910

Romolo Tessari
Vlahov, piatto
40 cm
G. De Andreis, Sampierdarena
circa 1900

Adolfo Busi
Amaro Buton
25 x 17 cm
Metalgraf, Milano
circa 1920

F.lli Gancia & C., vassoio
33 x 40 cm
G. De Andreis
Sampierdarena
circa 1900

Alberto Della Valle
Marsala Grignani M.
Tummarello
35 x 50 cm
G. De Andreis
Sampierdarena
circa 1900

Liquore Elena
24 x 34 cm
Metalgraf, Milano
circa 1920

↓ Romolo Tessari
Coca Buton
55 x 34 cm
G. De Andreis, Sampierdarena
circa 1920

↓ Romolo Tessari
Fernet Branca
50 x 35 cm
G. De Andreis, Sampierdarena
circa 1920

→ Romolo Tessari
Vino Protto
50 x 35 cm
G. De Andreis, Sampierdarena
circa 1920

↑ Ferro China Garroni, vassoio
24 x 31 cm
circa 1910

↗ Vermouth C.te Chazalettes
termometro
50 x 14 cm
Prager & Loyda, Berlino
circa 1910

→ Romolo Tessari
Distilleria Canciani
& Cremese
50 x 35 cm
G. De Andreis, Sampierdarena
circa 1920

Isolabella e figlio, vassoio
27 cm
Metalgraf, Milano
1906

E. Isolabella & figlio, vassoio
27 cm
Metalgraf, Milano
circa 1910

F. Gentilini
Vermouth Bellardi
48 x 19,5 cm
G. Ranci & C., Milano
1900

F. Gentilini
Premiata Distilleria
Agricola Friulana
48 x 19,5 cm
G. Ranci & C., Milano
1900

Chianti di A. Busoni
43 x 32 cm
circa 1910

↑ Adolfo Hohenstein
   Vermouth Cora
   21 x 43 cm
   G. Ranci & C., Milano
   1900

→ Vermouth F. Cinzano & C.
   46 x 35 cm
   G. De Andreis, Sampierdarena
   circa 1895

→ Giovanni Maria Mataloni
   Vermouth Cora
   72 x 35 cm
   G. De Andreis, Sampierdarena
   circa 1895

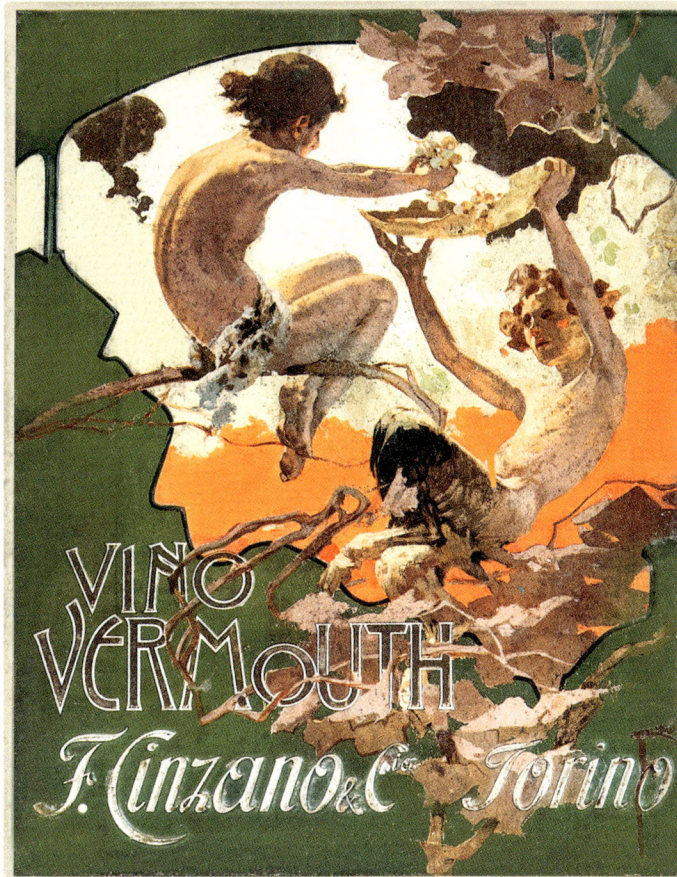

↓ Vini Francesco Fossati
57 x 37 cm
G. De Andreis, Sampierdarena
circa 1920

↓ Cantina Sociale Stradella
38 x 25 cm
G. Ranci & C., Milano
circa 1900

← Giovanni Battista Guerzoni
Vini Piemonte
50 x 35 cm
G. De Andreis, Sampierdarena
circa 1910

← Spumante Ajmar
49 x 28 cm
G. De Andreis, Sampierdarena
circa 1920

← Spumante Fratelli Borsa
35 x 25 cm
G. De Andreis, Sampierdarena
circa 1910

↓ Chianti Ruffino
   70 x 100 cm
   Metalgraf, Milano
   1920 ca

↓ Vinicola Emiliana
   70 x 50 cm
   Arrigo Coen, Milano
   circa 1920

CHIANTI RUFFINO
PONTASSIEVE (FIRENZE)

PREMIATA FABBRICA VERMOUTH e LIQUORI
GRAN DIPLOMA d'ONORE ESPOSIZIONE di PARIGI - MEDAGLIE e ONORIFICENZE a DIVERSE ESPOSIZIONI

TRIVERO & VARALDA · VERCELLI

↑ Liquori Premiata Fabbrica
   Trivero e Varalda
   21 x 44 cm
   G. Ranci & C., Milano
   circa 1900

STABILIMENTO ed UFFICI
VIA MAZZINI 185
BOLOGNA
TEL: 13-49

SOC. AN.
VINICOLA EMILIANA
PRODUTTRICE SPECIALIZZATA VINI
ALBANA-LAMBRUSCO-SANGIOVESE
CONCESSIONARI NELLE PRINCIPALI CITTÀ DEL REGNO

↓ Ditta G. Bellavita
termometro
48 x 18 cm
circa 1930

↓ Vermouth Noè
34 x 22 cm
G. De Andreis, Sampierdarena
circa 1920

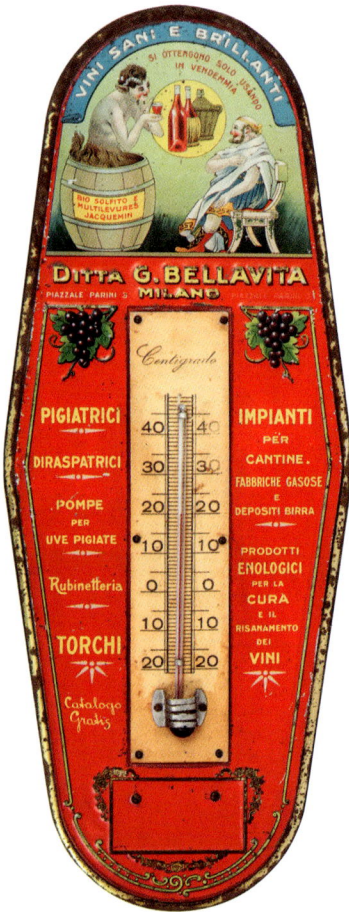

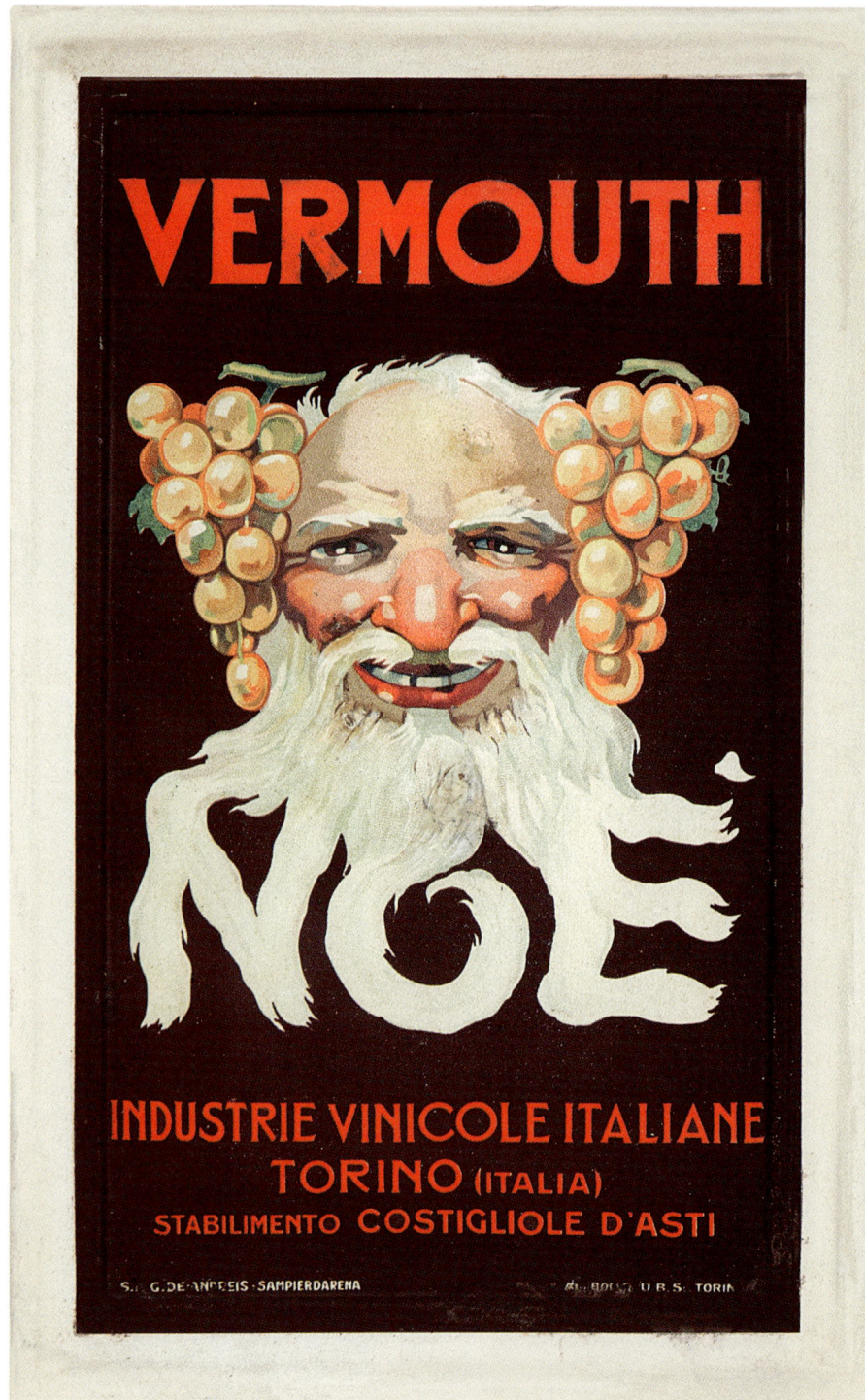

↓↓ Vermouth Dante
27 x 24 cm
E. Passero & C., Monfalcone
circa 1930

↓ Cognac Sarti, orologio
47 cm
circa 1910

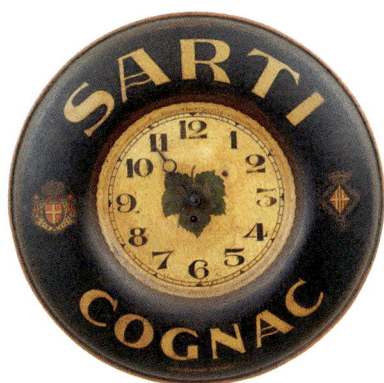

↓ Liquorificio Marzagalli
Landriano, orologio
47 cm
G. De Andreis, Samperdarena
circa 1910

↓ Aperitivo Rossi, orologio
60 x 31 cm
Cozzi, Milano
circa 1900

↑ Vermouth L. Ajmar, orologio
33 cm
circa 1910

↑ Fernet Branca, orologio
32 cm
circa 1900

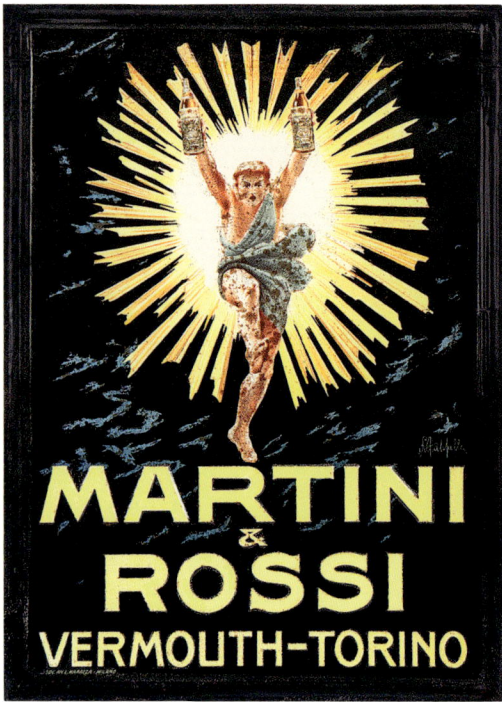
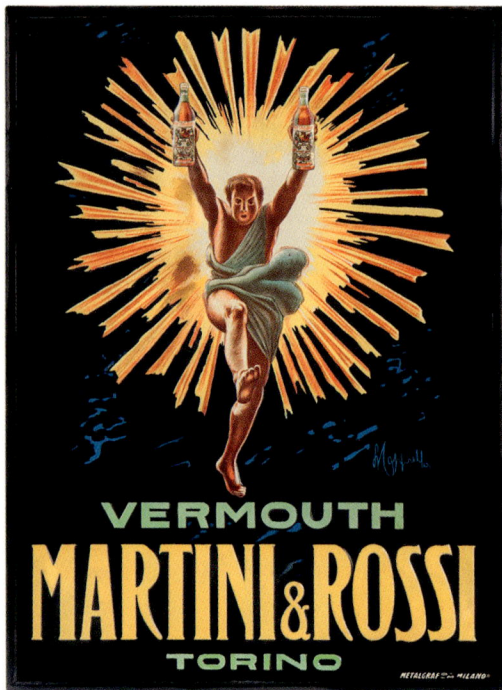
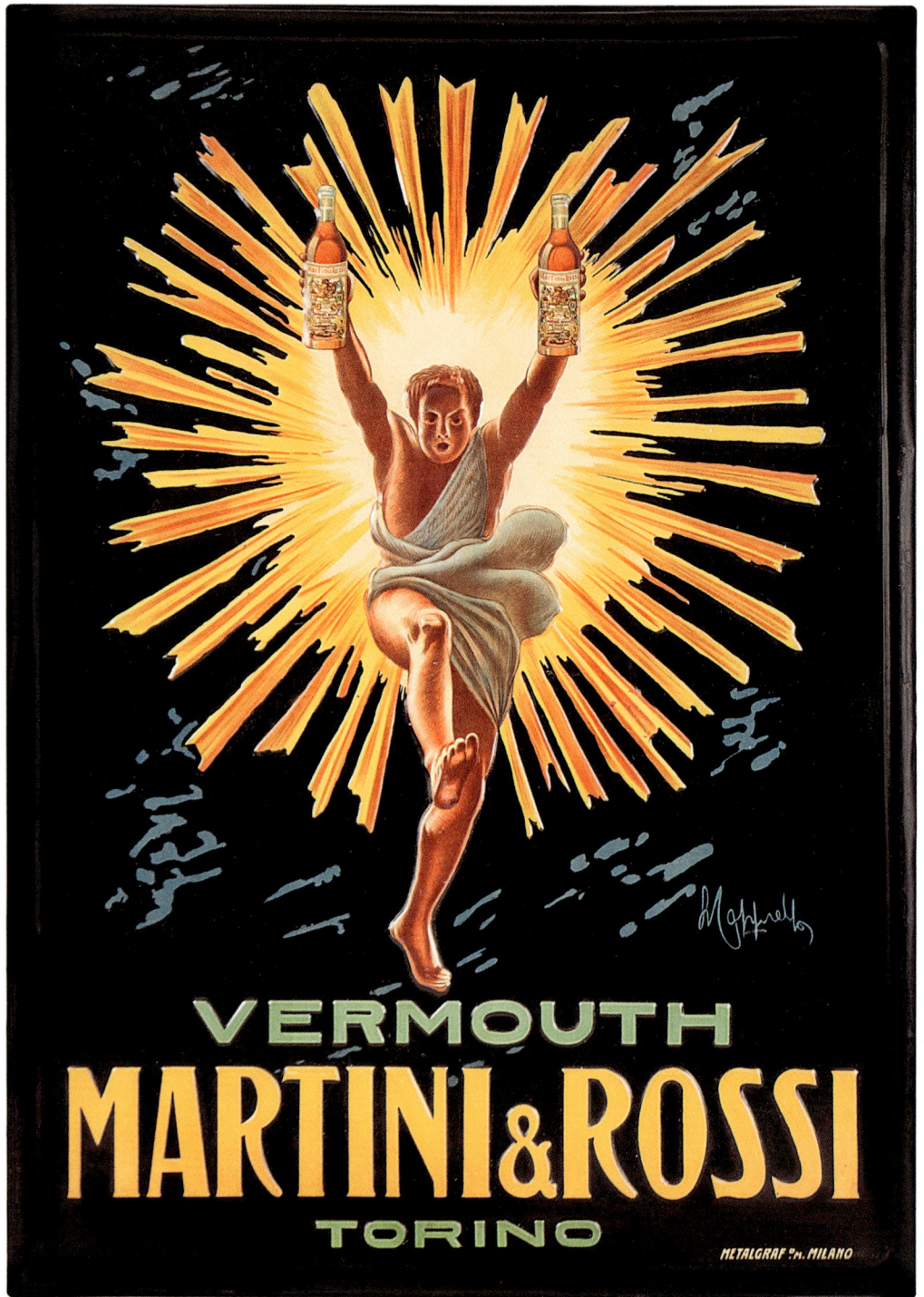

↑↑ Leonetto Cappiello
Martini & Rossi
100 x 70 cm
Metalgraf, Milano
circa 1920

↖ Leonetto Cappiello
Martini & Rossi
70 x 50 cm
Metalgraf, Milano
circa 1920

↑ Leonetto Cappiello
Martini & Rossi
100 x 70 cm
Metalgraf, Milano
circa 1920

↑↑ Leonetto Cappiello
Cinzano
35 x 25 cm
circa 1920

↖ Leonetto Cappiello
Cinzano
100 x 70 cm
circa 1920

↑ Leonetto Cappiello
Cinzano
100 x 70 cm
Arrigo Coen, Milano
circa 1920

OSVALDO COLOMBO
SALSOMAGGIORE
CAMOMILLINA
OVUM
SALSOLINO
PRODOTTI SPECIALI APPREZZATI
METALGRAF & MILANO 5011

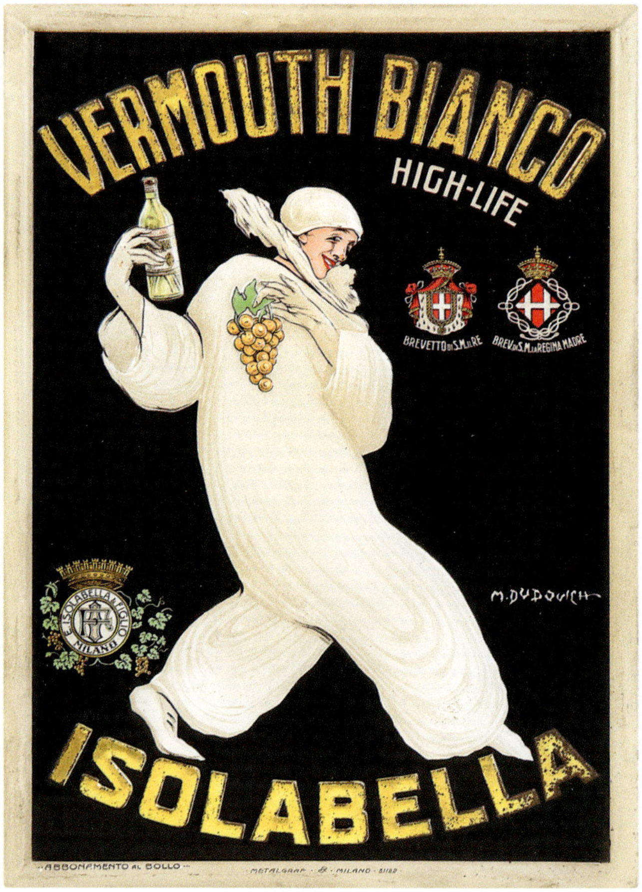
VERMOUTH BIANCO
HIGH-LIFE
BREVETTO DI S.M. IL RE
BREV. DI S.M. LA REGINA MADRE
M. DUDOVICH
ISOLABELLA
ABBONAMENTO AL BOLLO
METALGRAF & MILANO 5112

VERMOUTH BIANCO
Ballor
SOC. AN. FREUND. BALLOR & C. - TORINO

PROTTO
VINO PROTTO
ROMA
VINO PROTTO
ROMA

← Liquori Osvaldo Colombo
40 x 30 cm
G. De Andreis, Sampierdarena
circa 1910

← Marcello Dudovich
Vermouth Isolabella
50 x 35 cm
Metalgraf, Milano
circa 1910

↙ Vermouth Ballor
50 x 35 cm
circa 1910

↙ Romolo Tessari
Vino Protto
50 x 35 cm
G. De Andreis, Sampierdarena
circa 1920

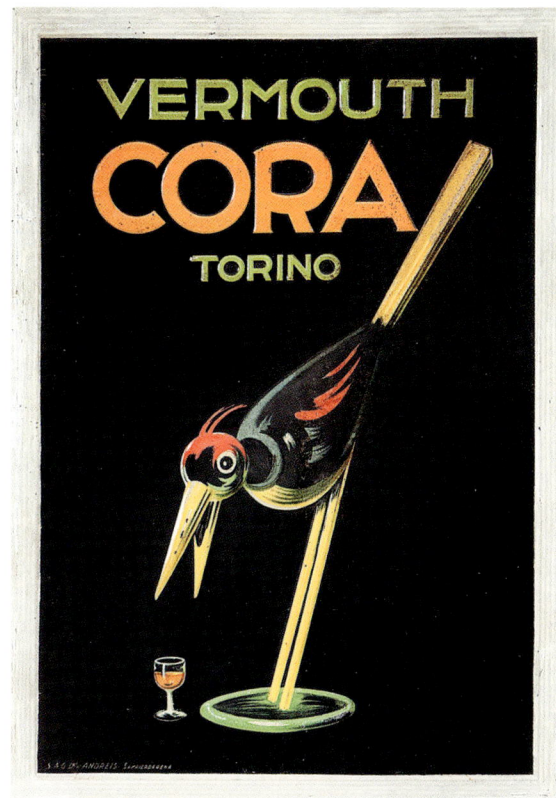

↗ Luigi Caldanzano
Messicano Sarti
40 x 30 cm
Stab. Polverini
circa 1930

↗ Giuseppe Magagnoli (Maga)
Vermouth Cora
70 x 50 cm
G. De Andreis, Sampierdarena
1930 ca

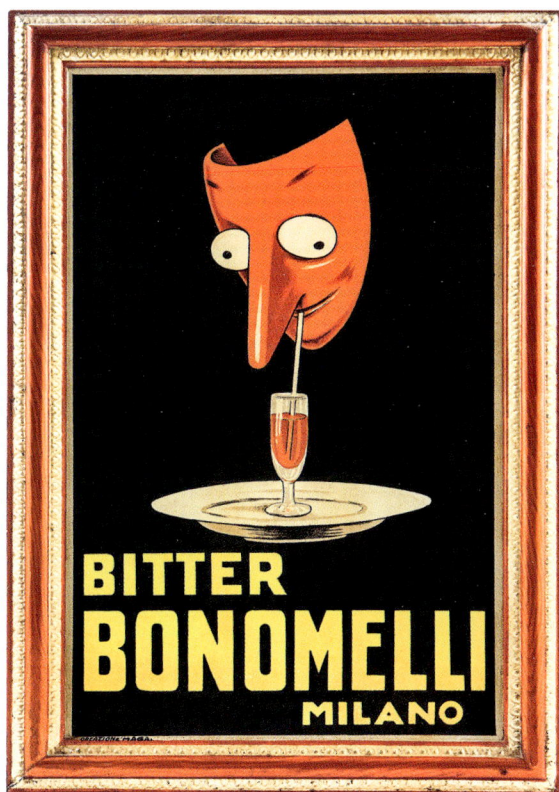

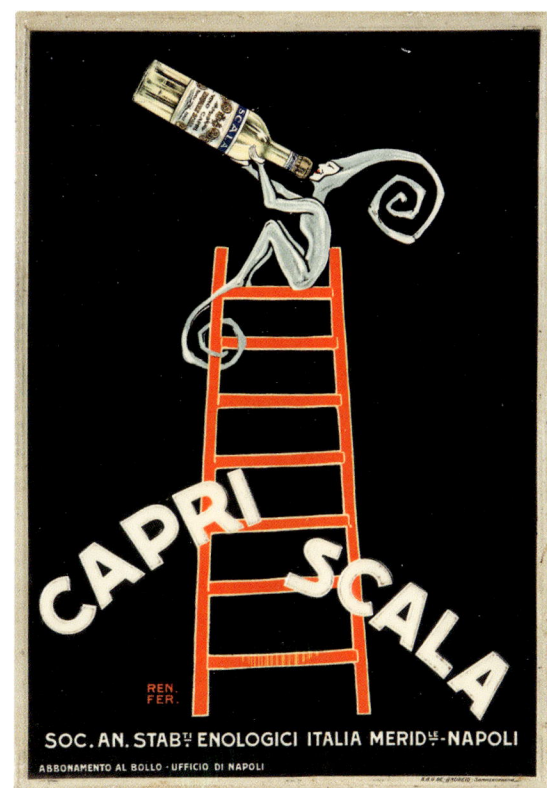

↑ Severo Pozzati (Sepo)
Bitter Bonomelli
46 x 31 cm
Creazioni Maga
circa 1930

↑ Vini Capri Scala
34 x 25 cm
G. De Andreis,
Sampierdarena
circa 1920

↓ Leonetto Cappiello
Vermouth Cinzano
100 x 70 cm
litografia in proprio
circa 1920

↓ E. Occhipinti
Martini e Rossi
35 x 25 cm
Arrigo Coen, Milano
1914

↖ Premiato Stabilimento
Enologico
Fratelli Don & C.
50 x 35 cm
Metalgraf, Milano
circa 1920

↖ Vermouth Cattarozzi
50 x 40 cm
G. De Andreis, Sampierdarena
circa 1910

← Gran Spumante Guglielmina
43 x 24 cm
Metalgraf, Milano
circa 1920

← G. Taricco & C.
32 x 14 cm
Metalgraf, Milano
circa 1930

← Alfredo Vaccari
Cognac Italiano Fides
100 x 70 cm
G. De Andreis, Sampierdarena
circa 1910

↓ Krauss
Vermouth Cora
46 x 34 cm
Metalgraf, Milano
circa 1930

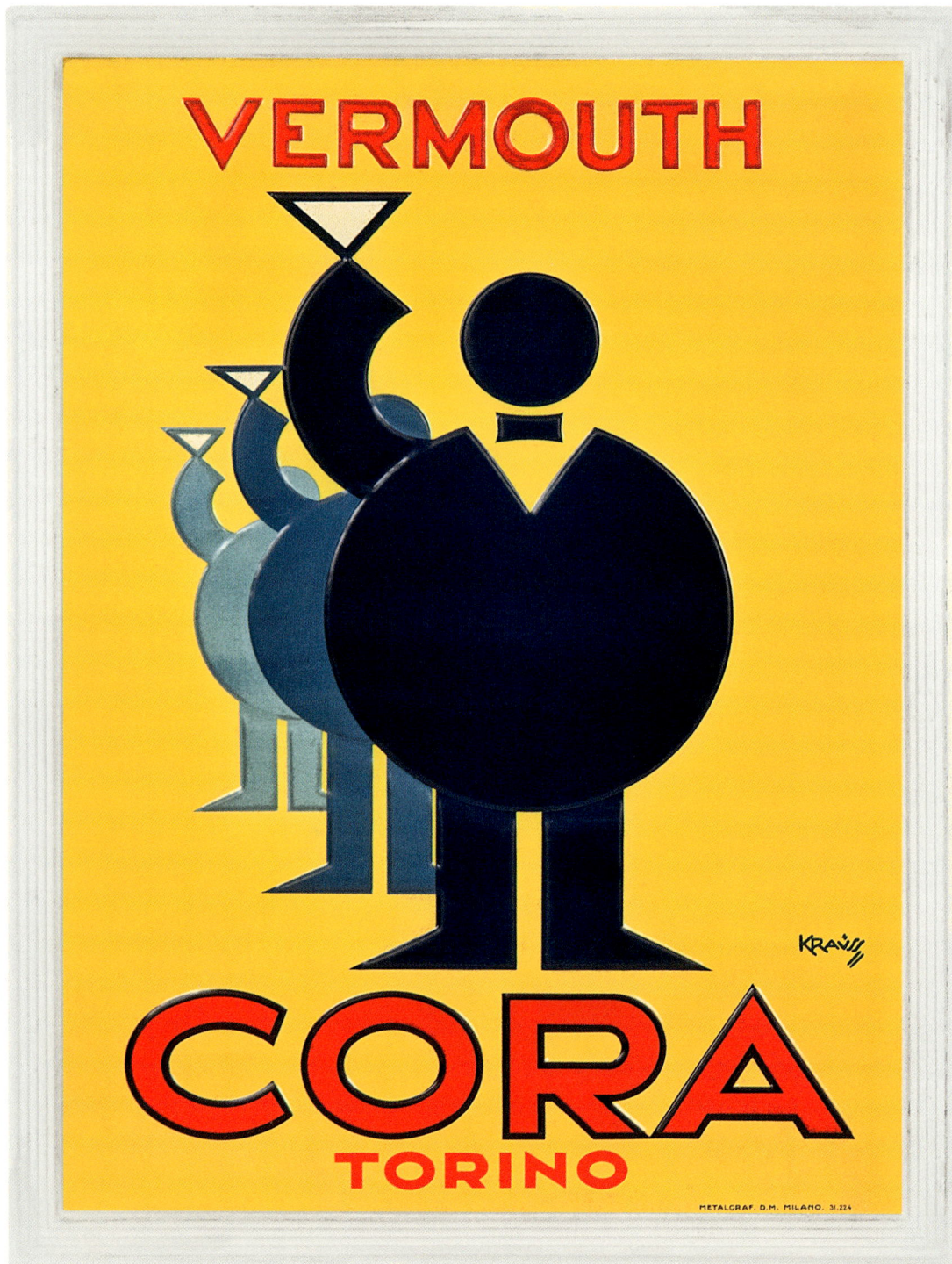

↓ Giuseppe Magagnoli (Maga)
Vermouth Ferrero
70 x 50 cm
G. De Andreis, Sampierdarena
circa 1920

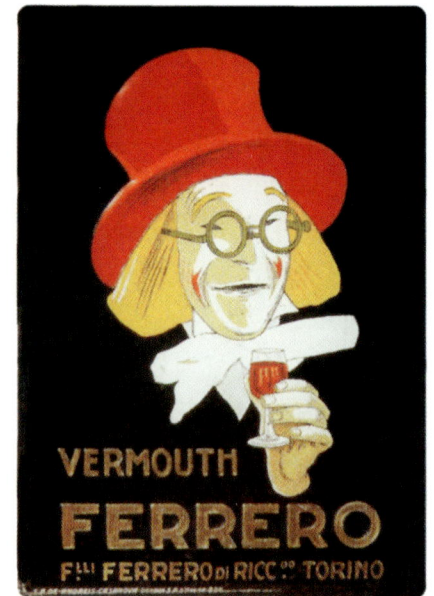

→ Hans Arp
Aperol
100 x 70 cm
Metalgraf, Milano
1924

APERITIVO PINOCCHIO

ANSELMO VERMOUTH
TORINO
CASA FONDATA NEL 1854

Vino Chinato Trinchieri
rendiresto
10 cm
circa 1910

Vino Chinato Trinchieri
49 x 34 cm
circa 1910

Luigi Paradisi (Lupa)
Aperitivo Pinocchio Anselmo
34 x 24 cm
Metalgraf, Milano
circa 1920

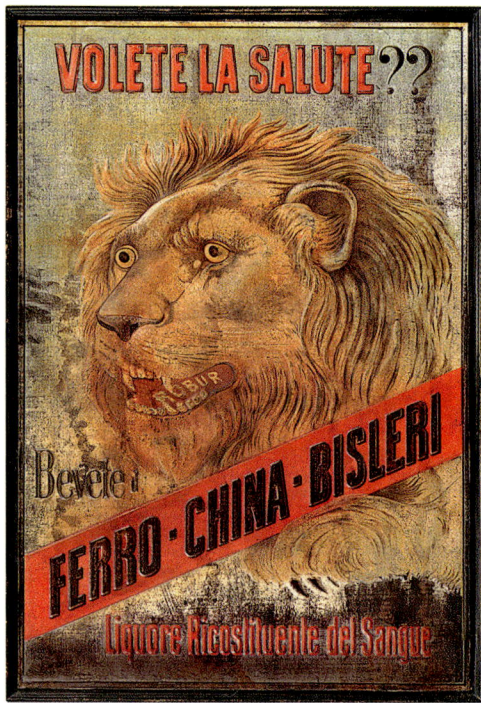

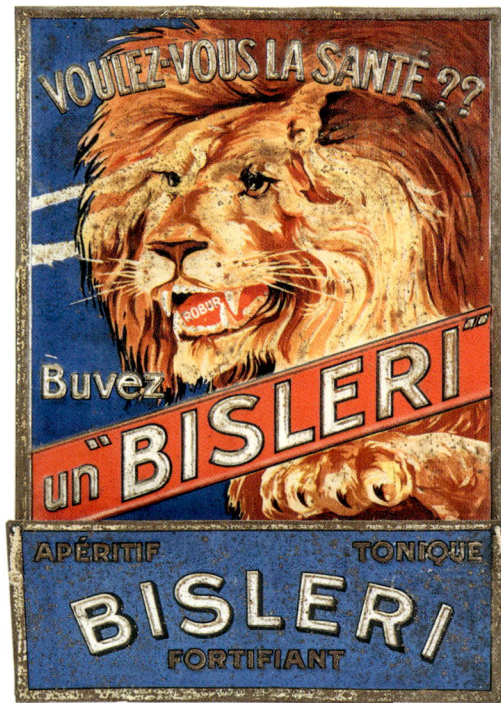

Ferro China Bisleri
100 x 70 cm
G. Ranci & C., Milano
circa 1900

Aperitif Bisleri
30 x 20 cm
circa 1910

Giovanni Battista Guerzoni
Marsala Florio
48 x 34 cm
G. De Andreis, Sampierdarena
circa 1910

Marsala Florio
34 x 48 cm
G. De Andreis, Sampierdarena
circa 1920

Ferro China Bisleri
50 x 50 cm
circa 1900

↑↑ Vermouth Maina-Penza
vassoio
Metalgraf, Milano
circa 1910

↑ Fernet Vittone
10 cm
circa 1910

→ Psiche Felice Bisleri & C.
50 x 25 cm
circa 1900

↑↑ Ferro China Baliva,
vassoio
34 x 25 cm
circa 1910

↗ Ferro China Baliva
50 x 35 cm
G. De Andreis,
Sampierdarena
circa 1920

↑ Ferro China Baliva
50 x 70 cm
Metalgraf, Milano
circa 1930

→ Armando
Radicciotti
Ferro China Baliva
107 x 77 cm
Soc. G. Marazza,
Milano
circa 1910

↑ Marsala Som
35 x 25 cm
circa 1910

↗ Ferro China Bucco
43 x 34 cm
G. De Andreis, Sampierdarena
circa 1910

→ Ferro China Baliva
32 x 47 cm
G. De Andreis, Sampierdarena
circa 1920

← Vermouth Bellardi
54 x 18 cm
circa 1920

← Vermouth Anselmo
60 x 25 cm
circa 1920

← Elisir China Pedroni
100 x 35 cm
Metalgraf, Milano
circa 1910

← Elixir Chanousia
100 x 35 cm
G. De Andreis, Sampierdarena
circa 1900

↖ Fernet-Branca
38 x 26 cm
Metalgraf, Milano
circa 1910

← Amaro Serafino
54 x 18 cm
Metalgraf, Milano
circa 1920

← Amaro Felsina Ramazzotti
100 x 40 cm
Metalgraf, Milano
circa 1930

← Alpine Liquer L. Ottoz
52 x 17 cm
Metalgraf, Milano
circa 1920

↖ Elixir Chanousia
46 x 18 cm
G. De Andreis, Sampierdarena
circa 1900

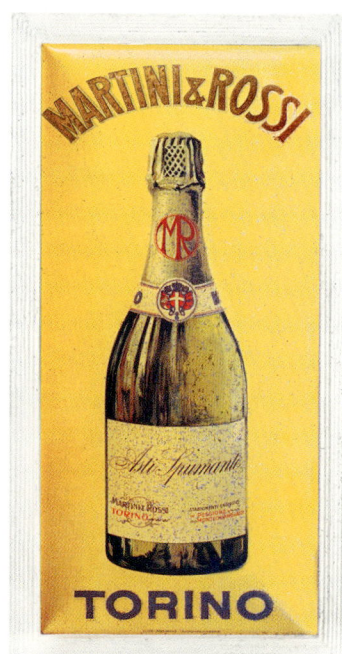

← Moscato-Champagne Solaro
50 x 35 cm
G. De Andreis, Sampierdarena

← Vino di China Serravallo
50 x 25 cm
G. De Andreis, Sampierdarena
circa 1910

← Quinquina Serravallo
40 x 25 cm
G. De Andreis, Sampierdarena
circa 1920

← Martini & Rossi
45 x 27 cm
circa 1920

→ Liquori Parissi
  rendiresto
  9 cm
  circa 1900

→ Liquori Erminio Orsini
  rendiresto
  5 x 9 cm
  circa 1910

→ J. Serravallo, portacenere
  10 x 6 cm
  circa 1900

→ Anisetta Luigi Manzi
  portacenere
  10 x 6 cm
  circa 1910

→ Fernet Branca, portacenere
  9 x 5 cm
  circa 1910

→ Liquore Strega, portacenere
  9 x 5 cm
  circa 1910

→ Vini Martinez, portacenere
  9 x 5 cm
  circa 1900

CHINATO ANSELMO
DITTA C. ANSELMO & C. TORINO

VERMOUTH BALLOR
FREUND, BALLOR & C.
TORINO

COGNAC Florio & C.
DIPLOMI D'ONORE
Esposizione Nazionale Palermo 1891-92
Esposizione Italo-Americana Genova 1892
Esposizioni Riunite Milano 1894
Deposito Generale J & V FLORIO PALERMO

il vero Ratafià d'Andorno "Robiolio,,
RATAFIA D'ANDORNO ROBIOLIO
PREMIATO
SUCCESSORI NICOLINI & VENESIA BIELLA
Succ. Nicolini & Venesia
BIELLA
ESPORTAZIONE MONDIALE   CASA FONDATA NEL 1826

MARSALA HOPPS
CASA FONDATA NEL 1811
MAZZARA (SICILIA)

VIEUX COGNAC
SUPÉRIEUR
Fratelli Branca
MILANO

VINO SOLONIO
LANUVIO   GUIDO SFORZA

↑↑ Vermouth Ballor
60 x 80 cm
circa 1920

↑↑ Marsala Hopps
38 x 58 cm
G. De Andreis, Sampierdarena
circa 1910

↑↑ Cognac Florio & C.
31 x 46 cm
G. De Andreis, Sampierdarena
circa 1890

↑ Vieux Cognac Fratelli Branca
99 x 74 cm
G. Ranci & C., Milano
circa 1890

↑ Vino Solonio
30 x 24 cm
Prager e Lojda, Berlino
circa 1910

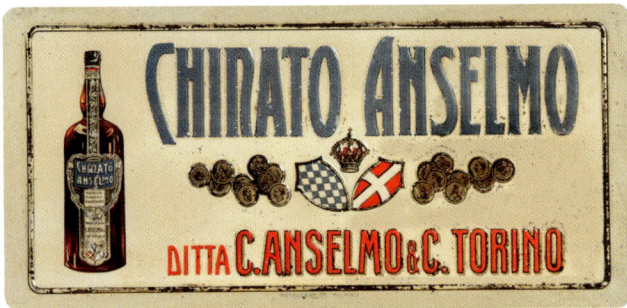

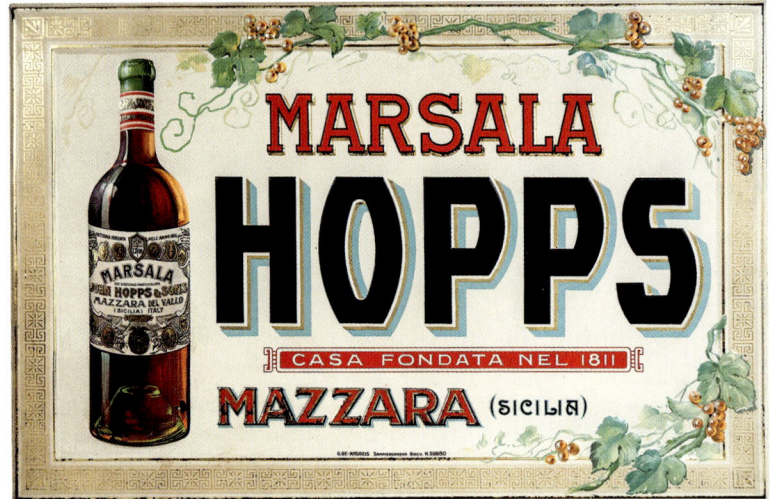

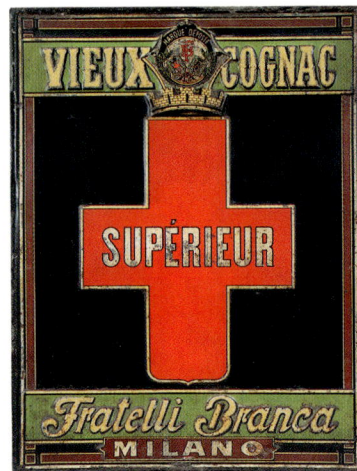

↑↑ Chinato Anselmo
18 x 36 cm
circa 1920

↑ Ratafià d'Andorno, vassoio
25 x 35 cm
circa 1910

↓ Distilleria B. Nardini
48 x 37 cm
G. Ranci & C., Milano
circa 1900

↓ Liquori Luigi Bettitoni
50 x 35 cm
Marazza, Milano
circa 1910

↓ Vino Vermouth
Martini & Rossi
36 x 43 cm
G. De Andreis, Sampierdarena
circa 1900

↖ Maraschino Luxardo
30 x 40 cm
circa 1920

↑ Cognac Florio & C.
47 x 34 cm
Samanà, Bartoli e C., Palermo
circa 1890

← Amaro Savoja
43 x 34 cm
circa 1900

↑ G. & L. F.lli Cora
34 x 42 cm
Metalgraf, Milano
circa 1910

← Cordial Campari
22 x 30 cm
circa 1910

← Vermouth Gancia
23 x 40 cm
circa 1930

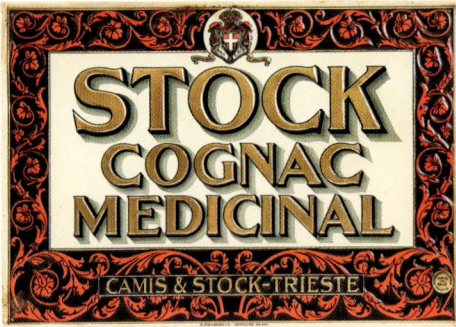

← Stock Cognac Medicinal
30 x 40 cm
E. Passero, Monfalcone
circa 1920

← Vini Marsala Aula e Virgilio
34 x 48 cm
circa 1910

← Vermouth C. Chazalettes & C.
34 x 45 cm
G. de Andreis, Sampierdarena
circa 1920

← Marsala Florio & C.
33 x 43 cm
A. Bartoli, Palermo
circa 1890

← Vermouth Igienico
Bartolomeo Bogetti
30 x 42 cm
circa 1890

← Eucalittina P. P. Trappisti
25 x 40 cm
circa 1900

← Marsala Corona
Martini & Rossi
8 x 30 cm
circa 1900

← Elettrica Cattarozzi
20 x 30 cm
circa 1930

← Messicano Sarti
13 x 25 cm
circa 1930

FERNET-BRANCA
FRATELLI BRANCA · MILANO

VERMOUTH
MARTINI & ROSSI
TORINO

↑↑ Fernet-Branca
4 x 20 cm
G. De Andreis, Sampierdarena
circa 1910

↑ Fernet-Branca, rendiresto
5 x 10 cm
circa 1900

↗ Fernet Branca, rendiresto
5 x 10 cm
circa 1900

↗ Martini & Rossi
79 x 124 cm
G. De Andreis, Sampierdarena
circa 1910

↑ Marsala Grignani
M. Tumbarello
38 x 34 cm
Sauppe e Busch, Dresda
circa 1900

↑ Fernet De Vecchi
27 x 20 cm
circa 1910

Cordial Gaudina
vassoio
31 x 24 cm
circa 1910

China Pedroni, vassoio
32 x 24 cm
circa 1900

S.A. Pietro Martini
31 x 25 cm
circa 1920

Vini Piemontesi Carlo Ivaldi
vassoio
25 x 35 cm
circa 1900

Marcello Dudovich
Isolabella
vassoio
25 x 35 cm
circa 1910

Fernet De Vecchi
vassoio
25 x 31 cm
circa 1900

Vini Visconti
25 x 35 cm
Alma, Milano
circa 1930

↓ Luigi Bettitoni
vassoio
30 x 30 cm
circa 1910

↗ Pompa Majella
vassoio
38 x 27 cm
circa 1910

↗ Vini Domenico Florio
Martinez & C.
vassoio
35 x 27 cm
G. De Andreis, Sampierdarena
circa 1920

↑↑ Ferro China
Zuppello
vassoio
24 x 31 cm
circa 1900

↑ Amaro Valsesia
vassoio
25 x 35 cm
circa 1910

↑↑ Vini Carlo Ivaldi
vassoio
24 x 31 cm
circa 1900

↑ Leonetto Cappiello
Amaro Avalle
vassoio
24 x 31 cm
circa 1920

← Giapponese Trinchieri
vassoio
24 x 31 cm
Scatolificio lecchese, Lecco
circa 1930

← Distillerie Riunite Vaccari
vassoio
24 x 31 cm
Biffi, Lecco
circa 1930

← Bitter Moroni, vassoio
25 x 35 cm
circa 1930

← Leonetto Cappiello
Cognac Sarti, vassoio
24 x 31 cm
Metalgraf, Milano
circa 1930

← Fernet De Vecchi, vassoio
26 x 38 cm
circa 1910

← Aperitivo Romano, vassoio
24 x 31 cm
Alma, Milano
circa 1920

← Amaro Camatti, vassoio
35 x 47 cm
G. De Andreis, Sampierdarena
circa 1920

← Balbo Menta, vassoio
24 x 31 cm
circa 1930

→ Amaro Alpino, vassoio
31 x 24 cm
Salamana Luini Taglioretti
Bovisa Milano
circa 1920

→ Rabarbaro Bergia, vassoio
31 x 24 cm
circa 1930

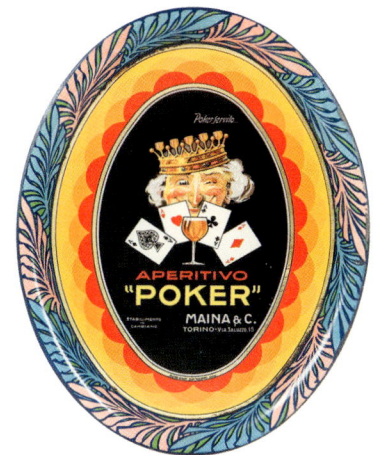

→ Achille Luciano Mauzan
Aperitivo Poker, vassoio
31 x 24 cm
Metalgraf, Milano
circa 1920

→ Aperitivo Masera, vassoio
31 x 24 cm
circa 1940

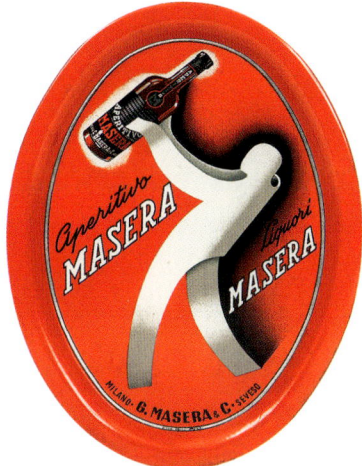

→ Giuseppe Magagnoli (Maga)
Vermouth Ferrero, vassoio
31 x 24 cm
circa 1930

→ Guido Carminati
Vini Messaggi, vassoio
31 x 24 cm
circa 1950

→ Liquori Manara, vassoio
31 x 24 cm
Marzorati, Savona
circa 1940

→ Amaro Balilla, vassoio
31 x 24 cm
Metalgraf, Milano
circa 1930

→ Eugenio Colmo (Golia)
Gancia, vassoio
38 x 27 cm
circa 1930

→ Stop! Aperitivo Benvenuti
vassoio
34 cm
circa 1940

→ Cognac Buton, vassoio
30 cm
circa 1920

→ Aleatico Bertocchini, vassoio
30 cm
circa 1940

PILLOLE MANZONI
RICOSTITUENTI ANTIANEMICHE
LABORATORIO FARMACEUTICO
F. MANZONI
CHIARAVALLE (MARCHE)
PREZZO L. 2.50 IL FLACONE DA 100

FERRENOSIO FAVARA
RICOSTITUENTE MIRACOLOSO
INDISPENSABILE
PEI BAMBINI
SOCIETÀ ANONIMA
Ferrenosio Favara
Milano
Le persone deboli
anemiche-pallide
acquisteranno in breve tempo
Salute-Forza-Colore
usando continuamente il
FERRENOSIO FAVARA
MIRACOLOSO RICOSTITUENTE
Succo condensato delle Migliori uve del Marsala; contiene allo stato organico-naturale rilevanti quantità di FERRO e FOSFORO come risulta dall'analisi del più gran chimico del mondo, il profes. FRESENIUS; e la sua efficacia è affermata da numerosissimi attestati medici. — Pel suo sapore aggradevole di uva è una bibita deliziosa - rinfrescante - dissetante, con acqua o seltz. — Nella tisi - scrofola - rachitide - povertà di sangue, ecc., si ottennero splendide insperate guarigioni. Contenendo il ferro allo stato organico
NON ANNERISCE I DENTI
ciò che fanno gli altri ferruginosi.

Emulsione "Bucco"
di olio di fegato di merluzzo con ipofosfiti di calce e soda
EFFICACISSIMA - GRADEVOLE - ECONOMICA - INSUPERABILE
STABILIMENTO CHIMICO FARMACEUTICO
F.lli BUCCO (SOCIETÀ ANONIMA) PESCARA

FARINA LATTEA
NESTLÉ
ALIMENTO COMPLETO
PEI BAMBINI

← Pillole Manzoni
50 x 35 cm
Metalgraf, Milano
circa 1910

← Ferrenosio Favara
37 x 24 cm
G. De Andreis Sampierdarena
circa 1900

↙ Giovanni Battista Guerzoni
Pillole San Salvatore, orologio
45 cm
G. De Andreis
Sampierdarena
circa 1910

↙ A. Simeone
Amaro Sagrina
40 cm
G. De Andreis
Sampierdarena
circa 1900

↓ Specialità Farmaceutiche
Carlo Erba
70 x 50 cm
Metalgraf, Milano
circa 1910

← Luigi Agostino Sacchi
Emulsione Bucco
60 x 40 cm
G. De Andreis
Sampierdarena
circa 1920

← Farina Lattea Nestlé
50 x 35 cm
circa 1910

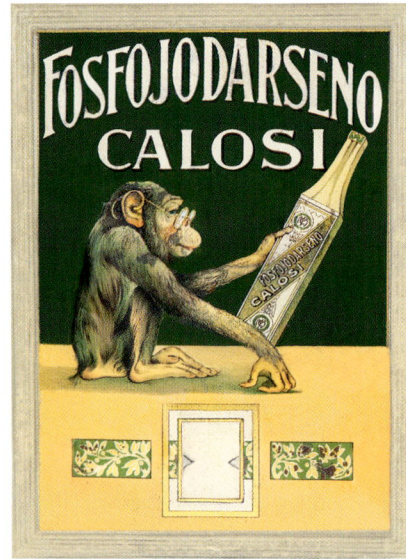

← Ischirogeno
24 x 18 cm
De Paolini Matossi & C.
circa 1900

← Ischirogeno
34 x 24 cm
Marazza & C., Milano
circa 1910

← Fosfojodarseno
24 x 24 cm
Metalgraf, Milano
circa 1920

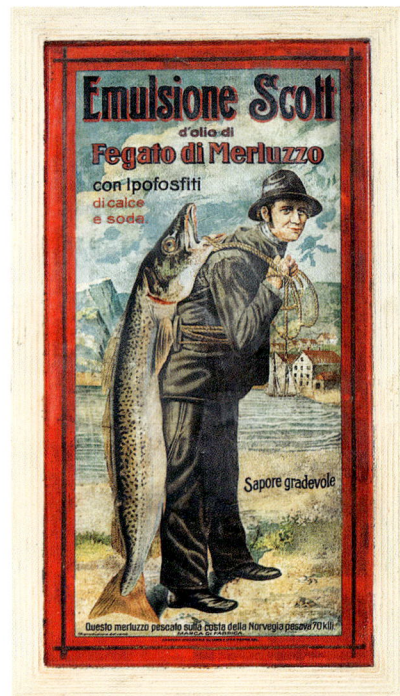

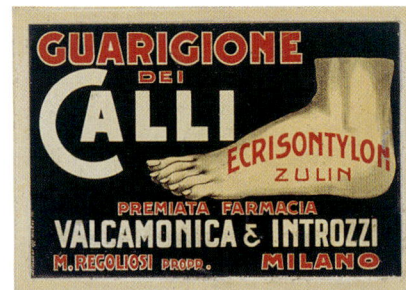

← Ecrisontylon
10 x 25 cm
circa 1930

← Cerotto Bertelli
16 x 24 cm
circa 1900

← Cerotto Bertelli
16 x 24 cm
circa 1900

↑ Fosfogeno
40 x 20 cm
Lampugnani,
Milano
circa 1910

↑ Emulsione Scott
65 x 35 cm
Stamperia industriale su latta
e carta, Vienna
circa 1900

↓ Esanofele Bisleri
50 cm
G. De Andreis,
Sampierdarena
circa 1910

↓↓ Antimalarico F.I.M.P.
35 x 25
Metalgraf, Milano
circa 1920

↓ Antagra Bisleri
50 cm
G. De Andreis
Sampierdarena
circa 1910

↘ Esanofele Bisleri
10 x 15 cm
G. De Andreis
Sampierdarena
circa 1910

↓ Polveri D. Monti
35 cm
S.A. G. De Andreis
Sampierdarena, circa 1920

↓↓ Linimento Galbiati
8 x 18 cm, circa 1900

↓↓ Chinino di Stato
14 x 50 cm, circa 1910

↓↓ Chinino di Stato
14 x 50 cm
scatolifici lecchese, Lecco
circa 1930

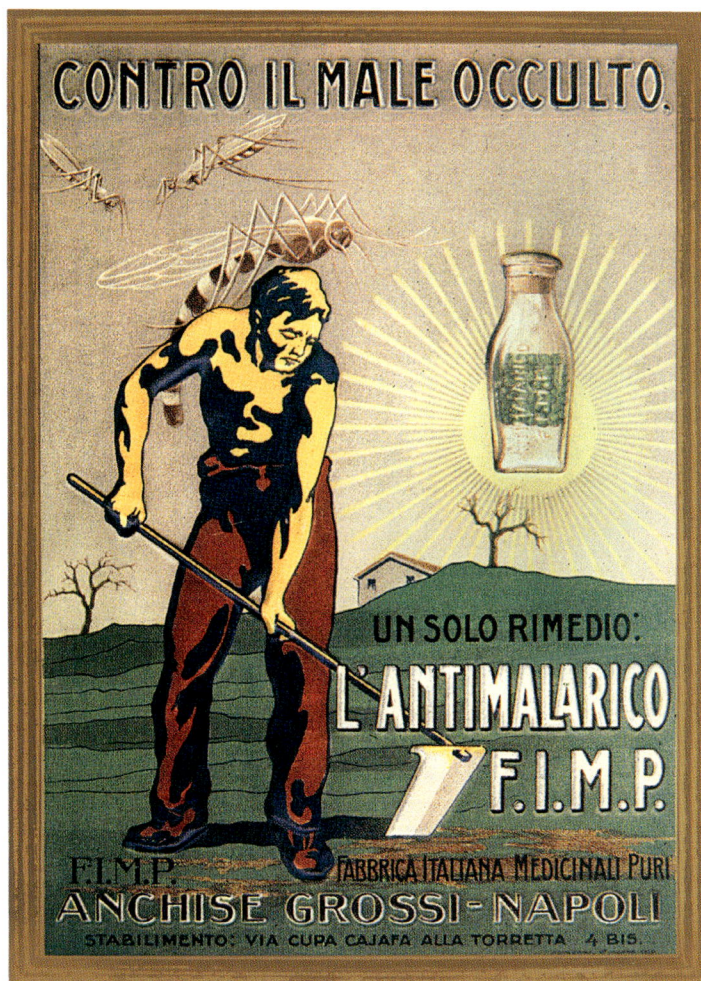

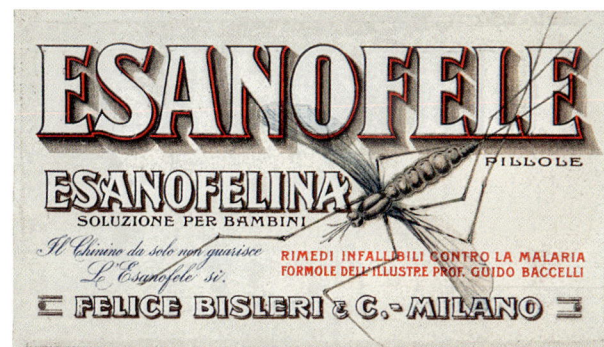

George Grellet
Pastiglie Valda, insegna
meccanizzata
50 x 70 cm
circa 1920

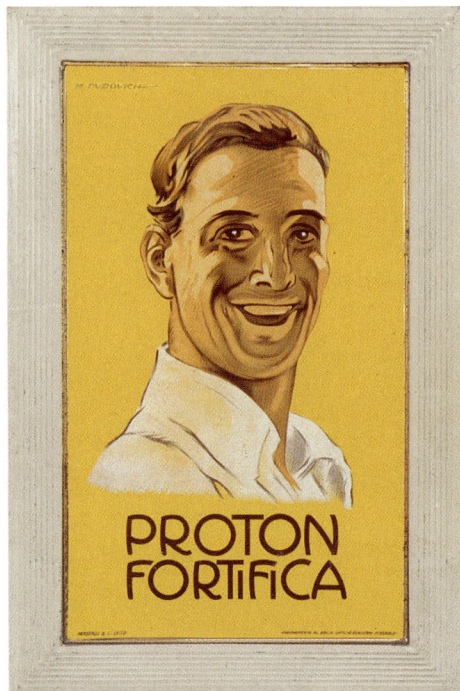

Marcello Dudovich
Proton
44 x 30 cm
Mastalli & C.,
Lecco
circa 1930

Aleardo Terzi
Premiati Prodotti Paneraj
16,6 x 24,5 cm
Artistic International
Advertising Co, Milano
circa 1900

↓ Pastilles Valda, termometro
57 x 18 cm
circa 1910

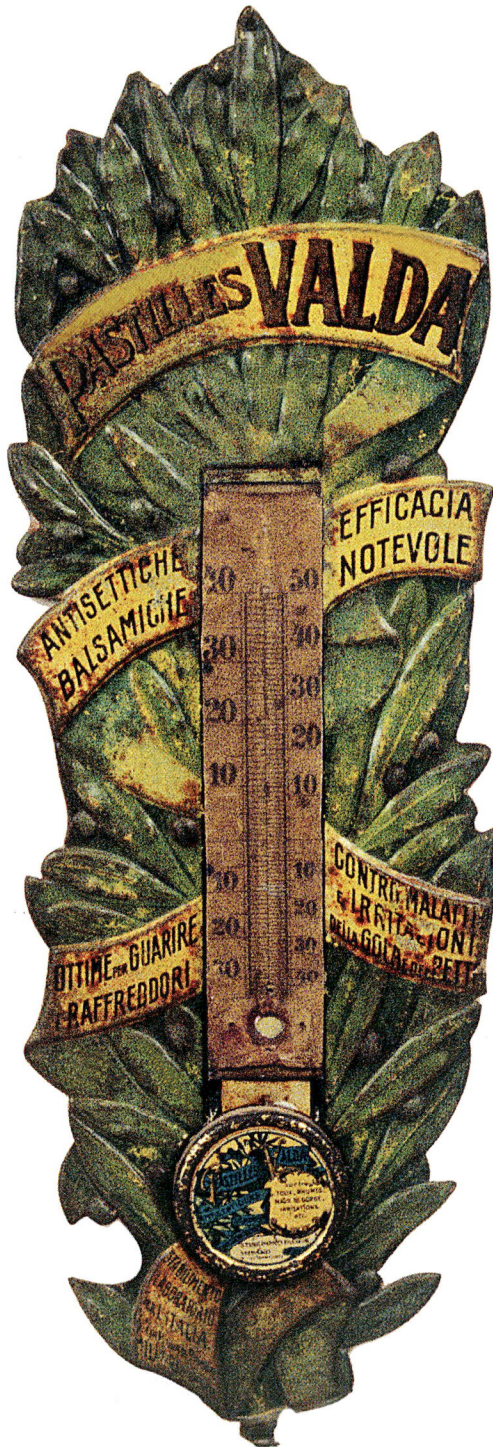

↓ Pastiglie & Estratto Paneraj
termometro
50 x 14 cm
circa 1910

↓ Creosina Bosio, termometro
50 x 14 cm
De Paolini Matossi & C.
Torino
circa 1900

Sali e Tabacchi
50 x 30 cm
Metalgraf, Milano
circa 1920

Sigarette Araks
50 x 35 cm
G. De Andreis
Sampierdarena
circa 1920

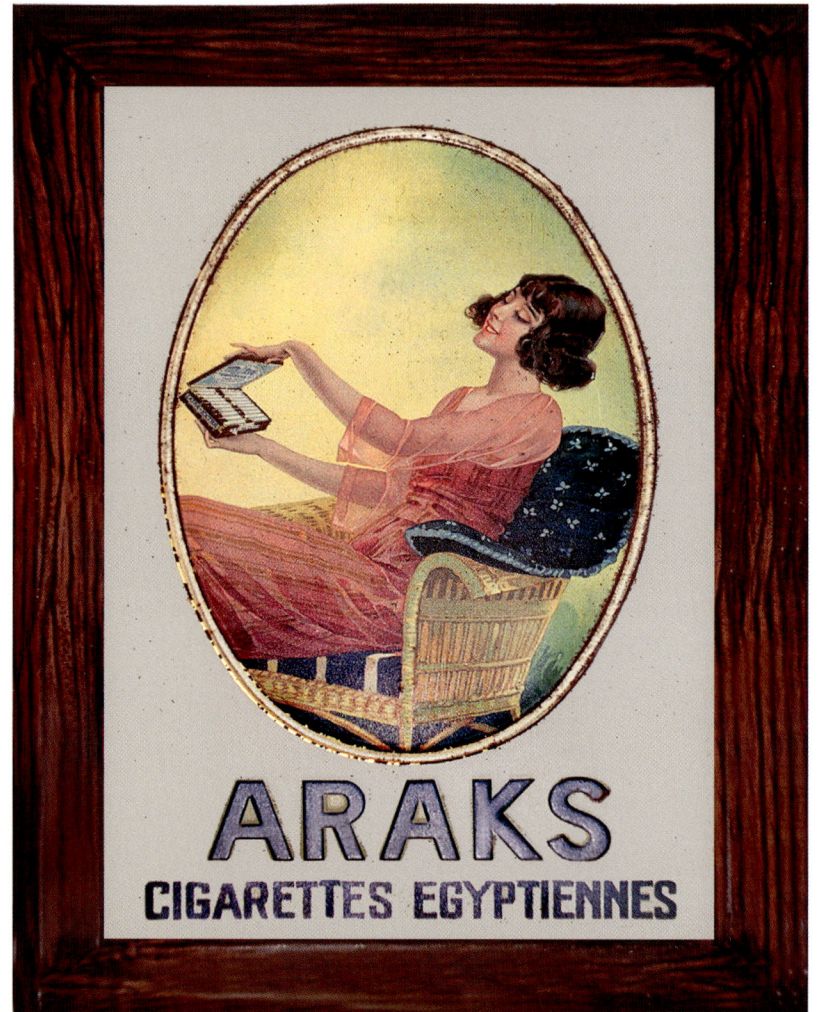

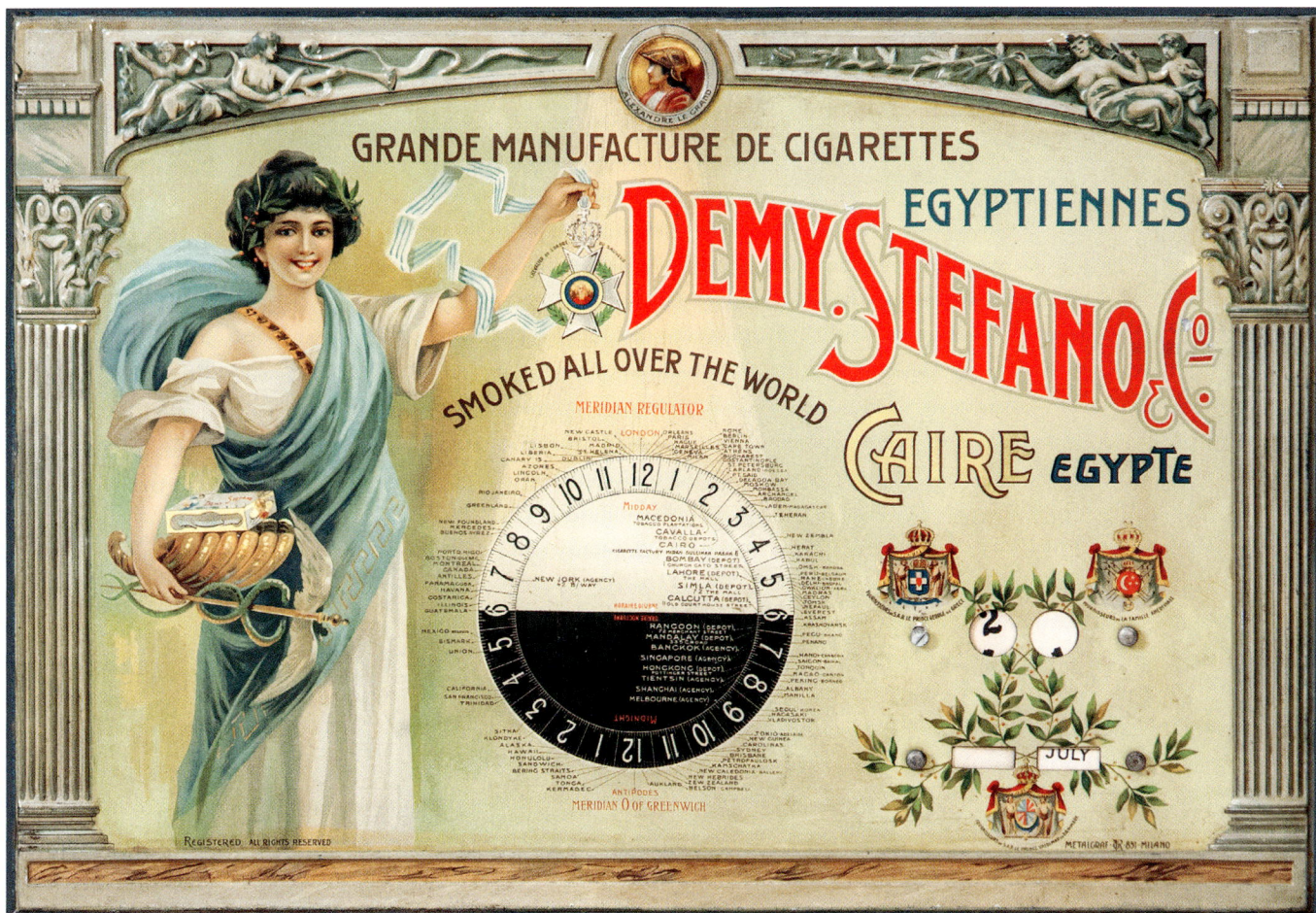

Sigarette Demy Stefano & C.
calendario
40 x 60 cm
Metalgraf, Milano
circa 1910

Sigarette Dimitrino & C.
60 x 40 cm
G. De Andreis
Sampierdarena
circa 1910

La Sartotecnica
20 x 30 cm
Salamana Luini Taglioretti
Bovisa, Milano
1920

Cappellificio Pirola
43 x 34 cm
circa 1930

Cappellificio Panizza
41 x 31 cm
Metalgraf, Milano
circa 1920

Alberto della Valle
Calzature Franchi Amilcare
48 x 34 cm
Metalgraf, Milano
circa 1910

G. Miccio & C.
rendiresto
6 x 10 cm
G. De Andreis, Sampierdarena
circa 1910

Fratelli Marini
20 x 20 cm
Prager & Lojda, Berlino
circa 1910

↑ Profumeria Otello
21 x 34 cm
G. De Andreis
Sampierdarena
circa 1910

← Violetta fresca Arene
35 x 16 cm
G. De Andreis
Sampierdarena
circa 1910

↑ Parfumerie Bertelli
50 x 33 cm
circa 1910

↗ Giovanni Battista Guerzoni
Profumi Critelli
66 x 47 cm
G. De Andreis
Sampierdarena
circa 1910

→ Giovanni Battista Guerzoni
Profumerie Carlo Erba
70 x 45 cm
G. De Andreis
Sampierdarena
circa 1920

Profumerie Migone & C.
termometro
50 x 14 cm
De Paolini & Matossi, Torino
circa 1900

→ Chinina-Migone
orologio
70 x 39 cm
G. De Andreis
Sampierdarena
circa 1900

Gino Boccasile
Lama Alita
30 x 20 cm
Filam, Milano
circa 1950

Wando
Dentifricio Gorill
35 x 25 cm
Salamana, Milano
circa 1930

Odontofilo
19 x 48 cm
Wieser, Zurigo
circa 1910

↓ Sapone Il Girasole,
rendiresto
10 cm
Prager & Lojda, Berlino
circa 1900

↑↑ Sapone Banfi
35 x 25 cm
circa 1930

↑↗ Sapone Fenderl
24 x 36 cm
circa 1930

↑↑ Eugenio Colmo (Golia)
Sapone Stella
35 x 25 cm
Metalgraf, Milano
circa 1930

↑ Sapone Stella
12 x 34 cm
G. De Andreis
Sampierdarena
circa 1910

↑ Sapone Adria
24 x 14 cm
E. Passero & C., Monfalcone
circa 1920

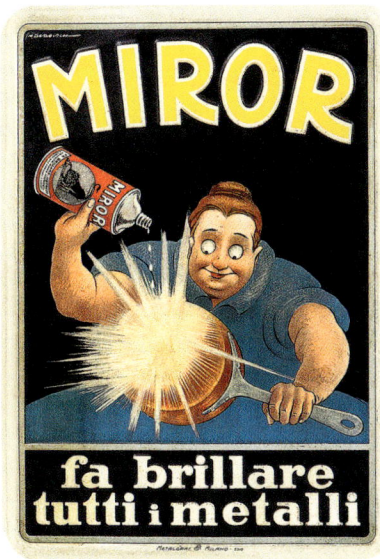

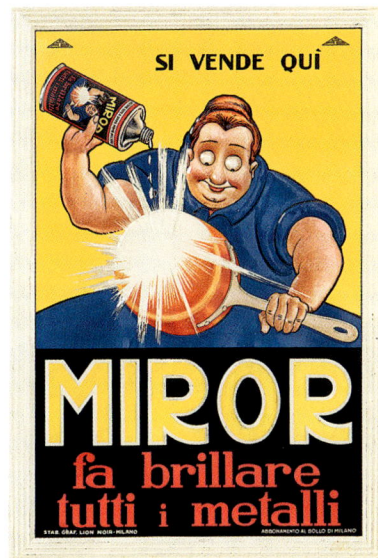

↑↑ Sapone Sbiancamano
100 x 70 cm
circa 1930

↑ Cera Rob
33 x 23 cm
Stab. Bozzetti, Milano
circa 1930

↑↑ Marcello Dudovich
Miror
35 x 25 cm
Metalgraf, Milano
circa 1930

↑↑ Marcello Dudovich
Miror
49 x 34 cm
circa 1930

↑ Lustrol
25 x 35 cm
Metalgraf, Milano
circa 1920

↑↑ Sidol
35 x 15 cm
E. Passero & C.
Monfalcone
circa 1930

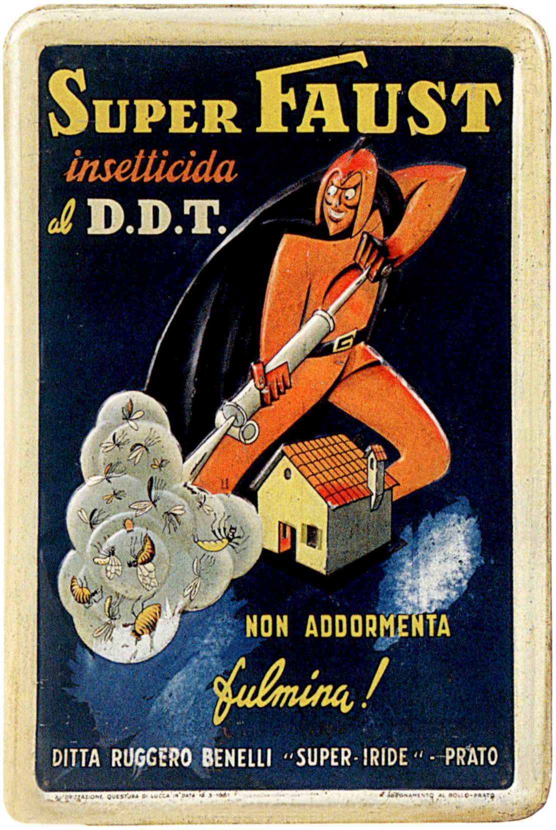

SUPER FAUST
insetticida
al D.D.T.
NON ADDORMENTA
fulmina!
DITTA RUGGERO BENELLI "SUPER-IRIDE" - PRATO

FAUST
STERMINA TUTTI GLI INSETTI
PROFUMANDO
DITTA RUGGERO BENELLI "SUPER-IRIDE" S.A. PRATO

RAZZIA INSETTICIDA
ECONOMIA
POLIZIA
CONI INSETTICIDI CONTRO LE ZANZARE
LA SALUTE DELLA CASA
RAZZIA TOPICIDA
23
PRODOTTI DELLA DITTA
J. NEUMANN & C.
FIUME - MILANO

↓ Petrolio Americano Splendor
100 x 70 cm
G. De Andreis
Sampierdarena
circa 1900

↖ Insetticida Super Faust
50 x 35 cm
circa 1930

↖ Insetticida Faust
50 x 35 cm
Metalgraf, Milano
circa 1930

← Insetticida Razzia
34 x 12 cm
circa 1910

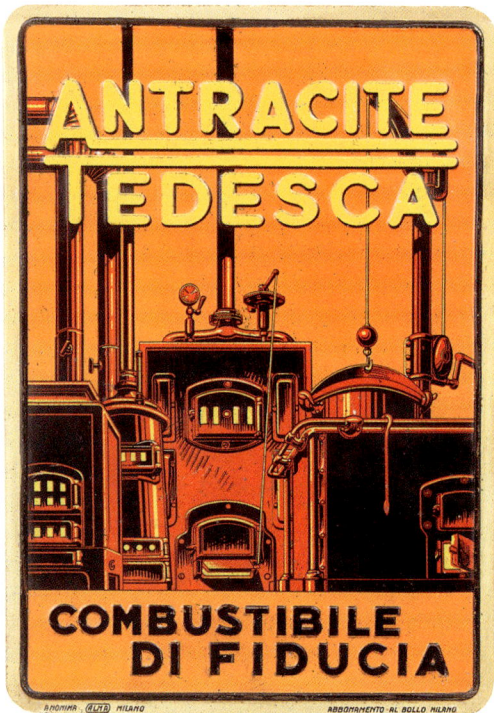

S'IMPONE
NON SI RACCOMANDA

ANTRACITE TEDESCA
COMBUSTIBILE DI FIDUCIA

AGENZIA
Butan Gas
DISTRIBUZIONE

← Careform
35 x 25 cm
Metalgraf, Milano
circa 1920

↙ Antracite Tedesca
49 x 33 cm
Alma, Milano
circa 1920

↙ Butan Gas
50 x 70 cm
circa 1940

↓ Marcello Dudovich
Arthur Krupp
50 x 34 cm
Metalgraf, Milano
circa 1910

FABBRICA MERCI DI METALLO DI BERNDORF
ARTHUR KRUPP
UTENSILI DA CUCINA IN NICKEL PURO
BERNDORF REIN-NICKEL
FILIALE DI MILANO, Piazza S. Marco 5

↓ V. Ferrari, termometro
50 x 14 cm
circa 1900

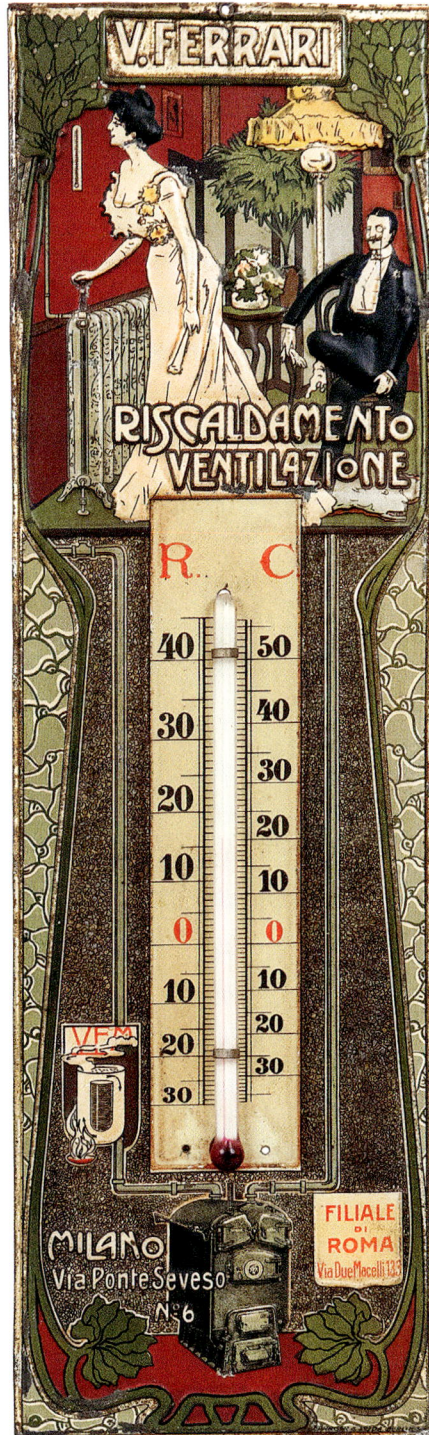

↓ L.E.
La Perfetta
49 x 35 cm
Metalgraf, Milano
circa 1910

↓↓ Saverio Schioppa
rendiresto
6 x 10 cm
G. Savettiere, Palermo
circa 1900

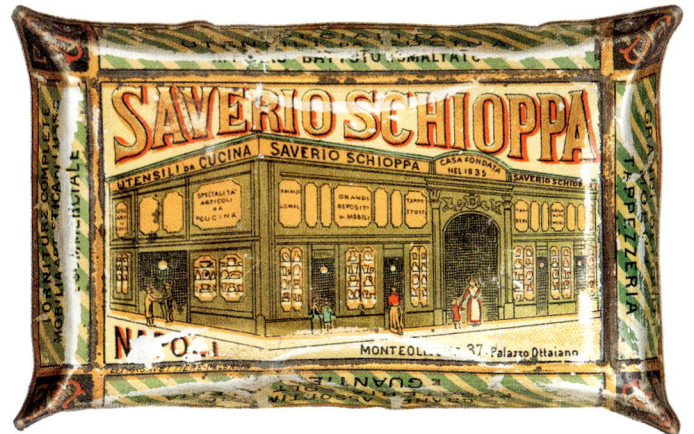

Romolo Tessari
Candele Pietro Vitali
40 x 30 cm
G. De Andreis
Sampierdarena
circa 1930

Cereria Procolo Pianetti
orologio
35 cm
circa 1910

→ Candele Cantalupo
30 x 40 cm
circa 1910

→ Candele Cantalupo
15 x 30 cm
circa 1910

→ Candele Elios
23 x 46 cm
Metalgraf, Milano
circa 1910

→ Reticelle Auer
12 x 34 cm
Metalgraf, Milano
circa 1910

Reticelle A.F. Ferrario
30 x 40 cm
G. De Andreis
Sampierdarena
circa 1900

Candele Chierichetti
& Torriani
48 x 34 cm
circa 1910

→ Candele F.lli Lanza
46 x 30 cm
G. De Andreis
Sampierdarena
circa 1890

→ Candele Parisi
termometro
50 x 14 cm
circa 1900

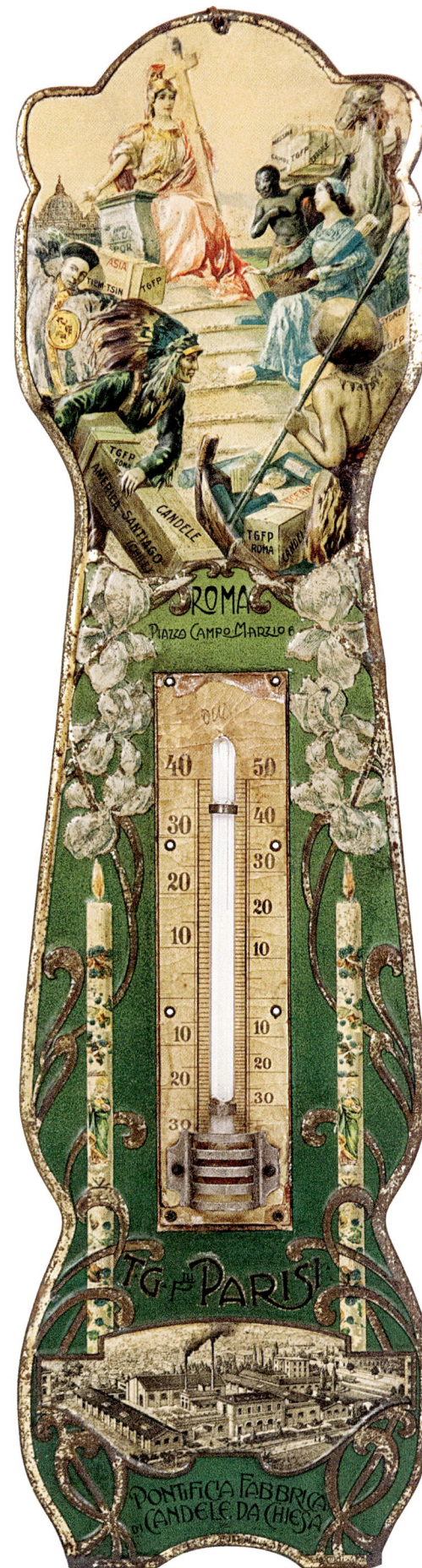

→ Stearineria
Ferruccio Prina & C.
35 x 26 cm
G. De Andreis
Sampierdarena
circa 1900

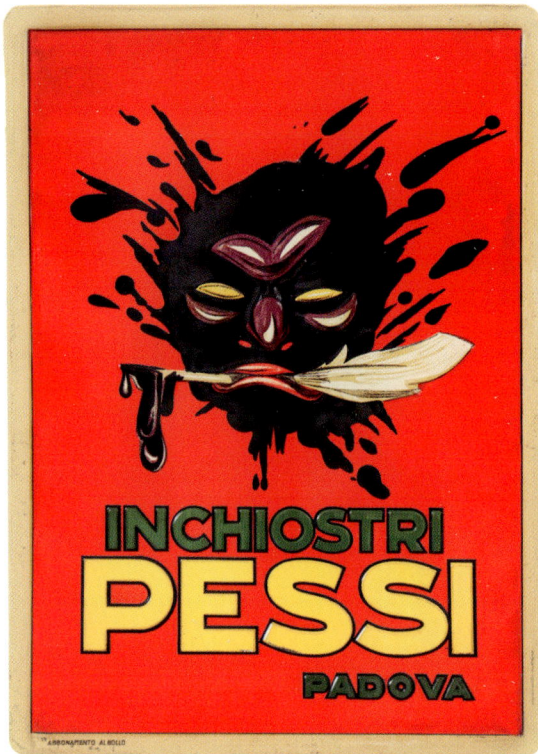

Severo Pozzati (Sepo)
Inchiostri Pessi
50 x 35 cm
1930

Osvaldo Ballerio
Inchiostri E. Pessi
50 x 35 cm
circa 1925

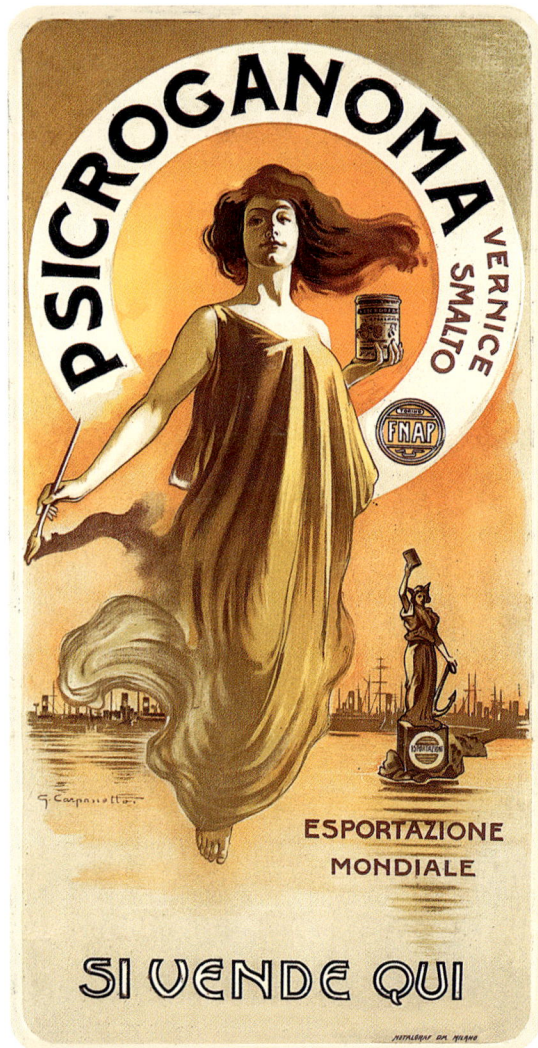

Giovanni Battista Carpanetto
Psicroganoma
67 x 35 cm
Metalgraf, Milano
circa 1910

Ing. Edoardo Piatti
20 x 10 cm
circa 1900

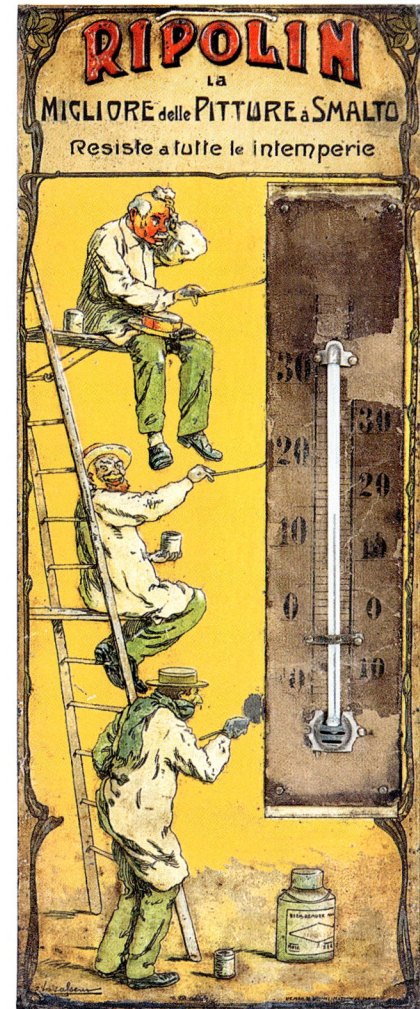

↑↑   Lefranc & C.
48 x 34 cm
Dressler
1894

↑   Industria Vernici Italiane
Ripolin
40 x 60 cm
circa 1920

↑↑   Jensen & Nicholson
25 x 12 cm
circa 1910

↑   Giorgio Niccolini & C.
34 x 48 cm
G. Ranci & C., Milano
circa 1900

↑↑   Émile Vavasseur
Ripolin, termometro
40 x 16 cm
circa 1900
De Paolini & Matossi & C.
Torino
circa 1900

↓ Osvaldo Bellerio
Primo Kapokificio Italiano
35 x 50 cm
Metalgraf, Milano
circa 1910

↓↓ A. Rossi
Manifattura di Lane
in Borgosesia
25 x 35 cm
Metalgraf, Milano
1920

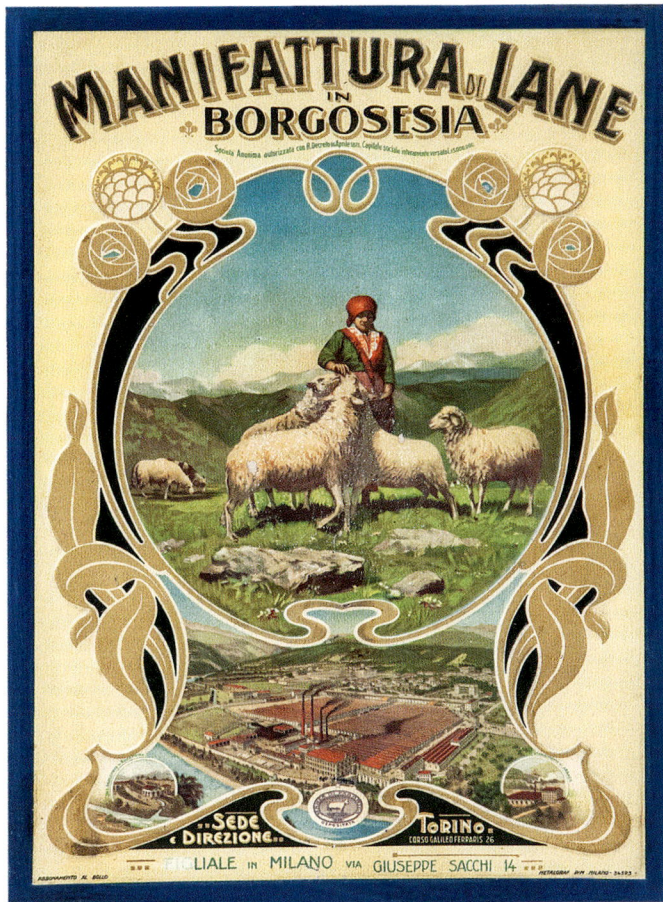

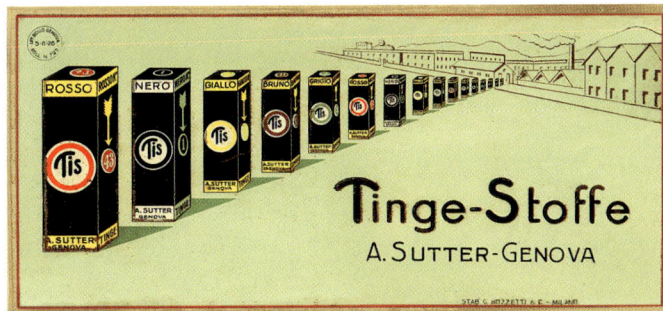

↑↑ Manifattura di Lane
in Borgosesia
35 x 25 cm
Metalgraf, Milano
circa 1930

↗ Leonetto Cappiello
Lane Borgosesia
35 x 25 cm
Metalgraf, Milano
circa 1930

↑ Tis Tinge-Stoffe
A. Sutter
16,5 x 35 cm
G. Bozzetti & C., Milano
1926

→ Luigi Enrico Caldanzano
Tis Tinge Istanteamente
Stoffe A. Sutter
34,5 x 24,5 cm
G. Bozzetti & C., Milano
1923

↓ Igienico L. Chiozza & C.
34 x 24 cm
Stamperia industriale su carte
e latta, Vienna
circa 1920

↓↓ Lanapol
48 x 33 cm
Metalgraf, Milano
circa 1920

↓ Super Splendor Color
70 x 50 cm
Metalgraf, Milano
circa 1920

↓↓ Iris
50 x 35 cm
circa 1930

↓ Super-Iride
50 x 35 cm
Metalgraf, Milano
circa 1930

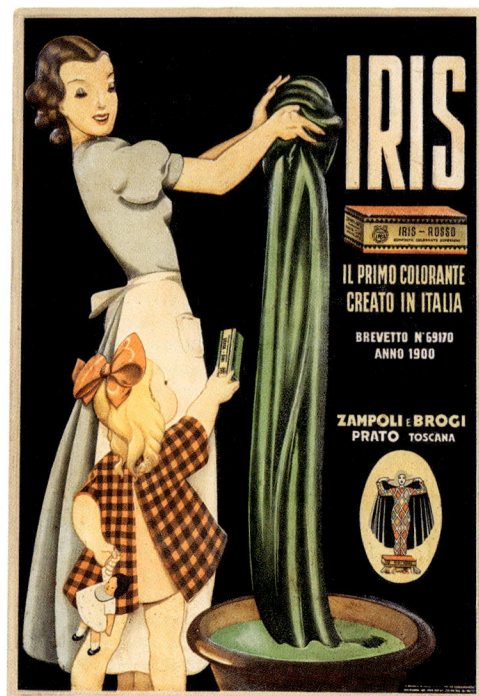

↓ Ireos Pucci
   34 x 24 cm
   Maggioni Tommasini & C.
   (Corsico) Milano
   1920

→ Iris, orologio
   28 x 28 cm
   circa 1930

→ Sirio, orologio
   32 cm
   circa 1910

↓   Brill
67,5 x 64,5 cm
circa 1940

↓   Brill, orologio
30 cm
circa 1950

Giorgio Muggiani
Lucido Brill
24 x 14 cm
Bozzetti Pluderi, Milano
circa 1900

Giorgio Muggiani
Lucido Brill
35 x 25 cm
Marazza, Milano
1913

Giorgio Muggiani
Lucido Brill
140 x 100 cm
Metalgraf, Milano
circa 1920

↓ Lucidi Lion Noir
50 x 34 cm
Stab. Brill, Milano
circa 1920

↓ Lucido Nugget
29 x 19 cm
inizi 1900

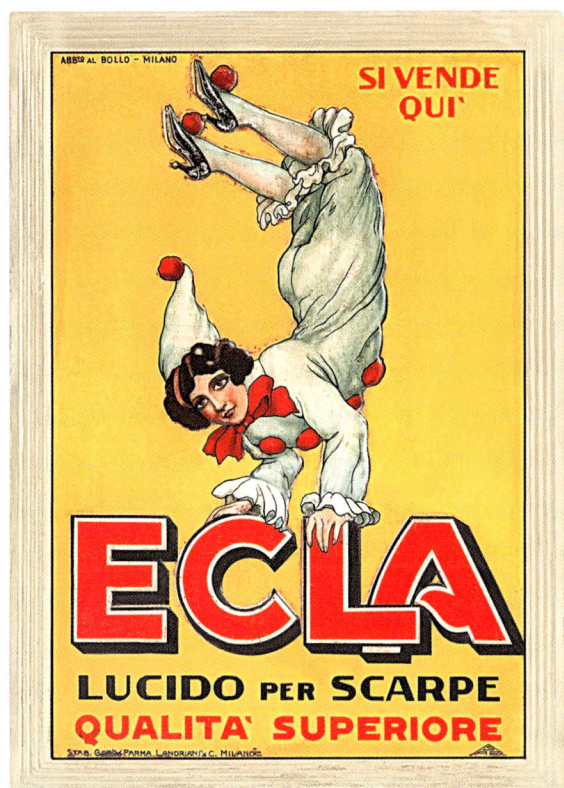

Lucido Ecla
46 x 35 cm
Landriani, Milano
circa 1900

Lucido Ecla
140 x 100 cm
Metalgraf, Milano
circa 1910

← M. Parri
Lucido Lodis
50 x 34 cm
E. Passero & C., Monfalcone
circa 1930

↙ Lucido Lodis
34 x 17 cm
E. Passero & C., Monfalcone
circa 1930

↓ M. Parri
Lucido Lodis
68 x 49 cm
E. Passero & C., Monfalcone
circa 1920

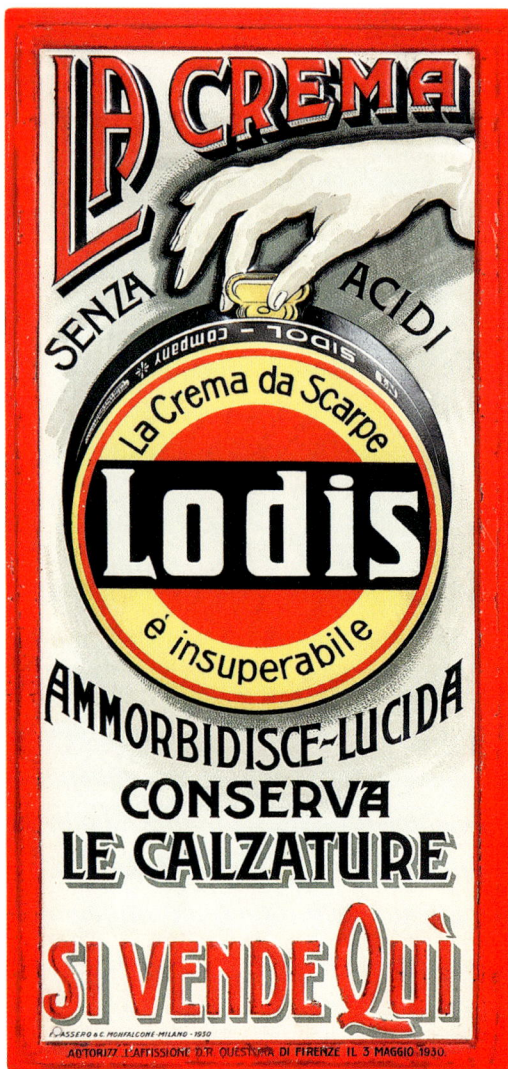

↓ Lucido Taos
34 x 25 cm
Brianza latta
circa 1930

↓ Lucido Taos
35 x 25 cm
circa 1930

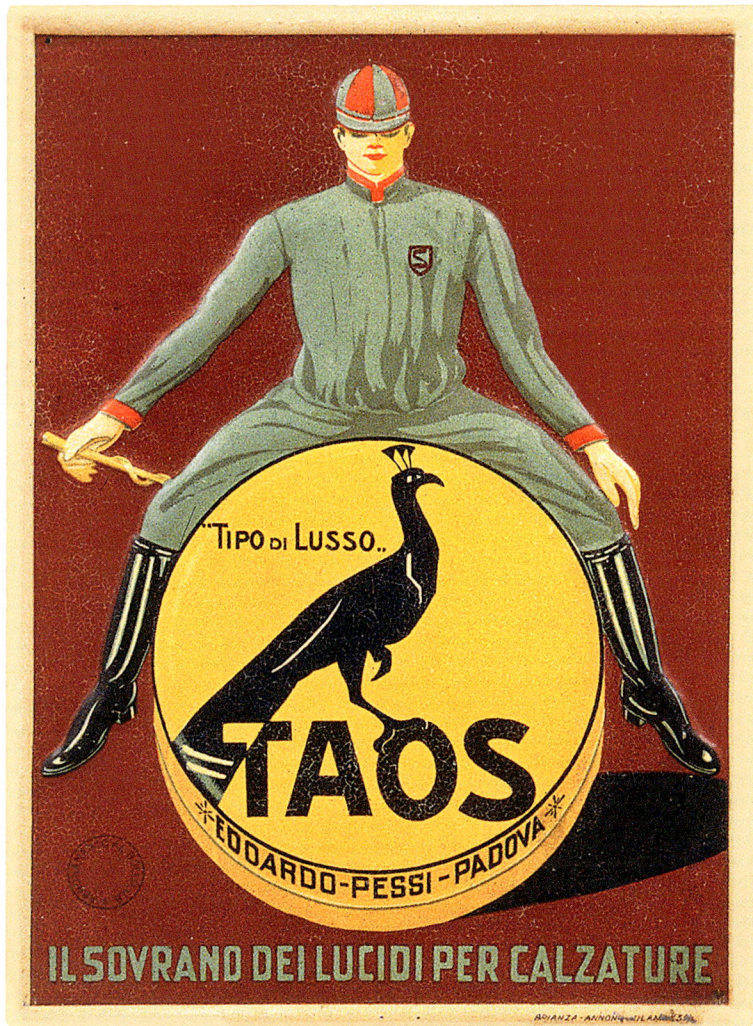

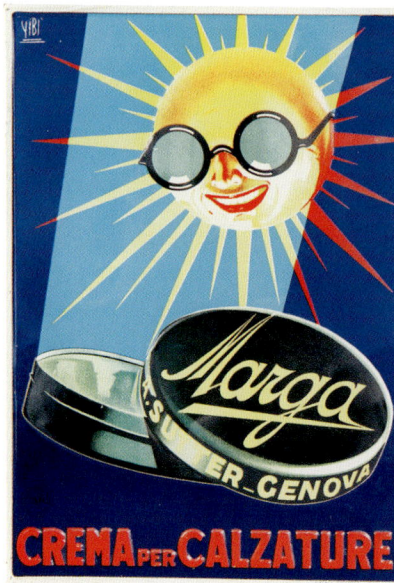

↓   Crema Marga
    49,5 x 34 cm
    G. De Andreis Casanova
    Genova, Sampierdarena
    circa 1930

↓↓ Crema Marga
    31,5 x 22,5 cm
    G. Bozzetti & C., Milano
    1937

↓   Crema Marga
    100 x 49,5 cm
    G. Bozzetti & C., Milano
    circa 1924

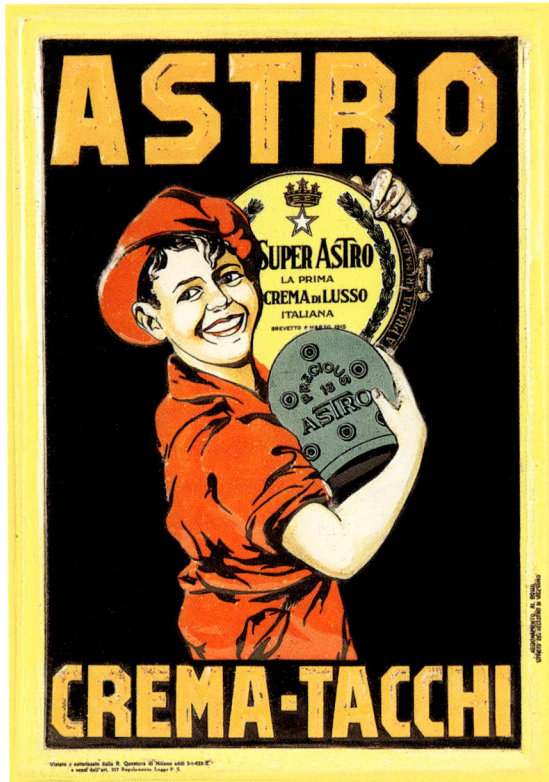

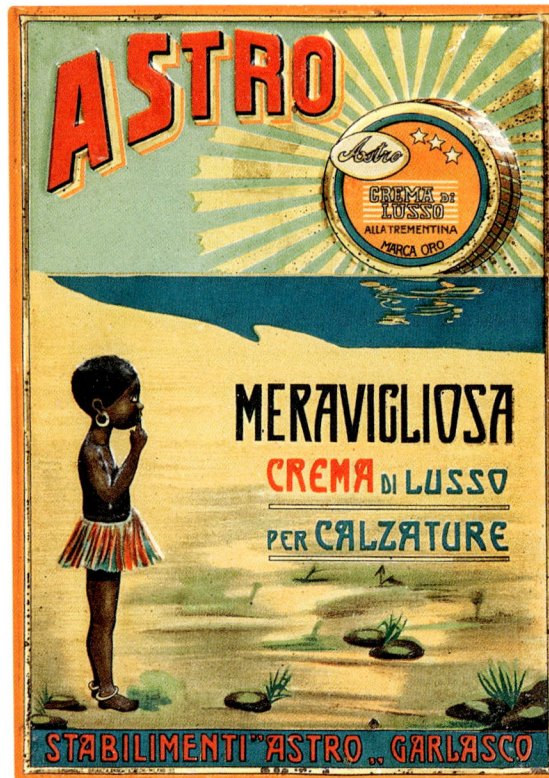

← Bernardon
Crema Super Astro
100 x 70 cm
Maggioni e Tommasini
Milano
circa 1920

← Crema Astro
50 x 35 cm
Metalgraf, Milano
circa 1930

← Lucido Ebano
34 x 24 cm
circa 1930

← Crema Astro
24 x 17 cm
Annoni e Secchi, Milano
circa 1920

→ Crema Barion, portacenere
10 cm
circa 1910

↘ Crema Guttalin
34 x 21 cm
circa 1920

↘ Crema Stivalin
34 x 34 cm
circa 1900

→ A. Rossi
Semenza Vesuvio
24 x 35 cm
Mastalli e C., Lecco
circa 1920

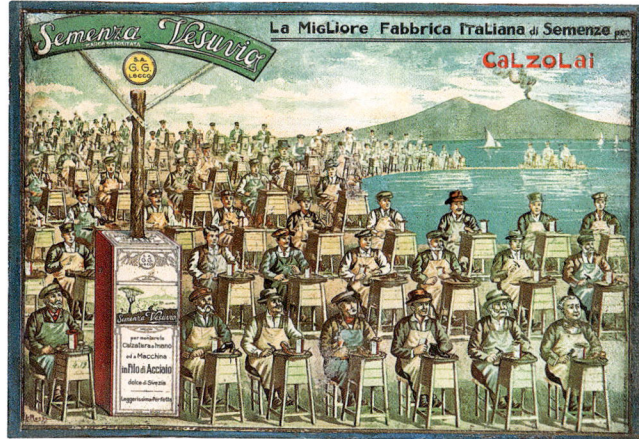

→ Crema Cromal
90 x 60 cm
Marazza, Milano
circa 1920

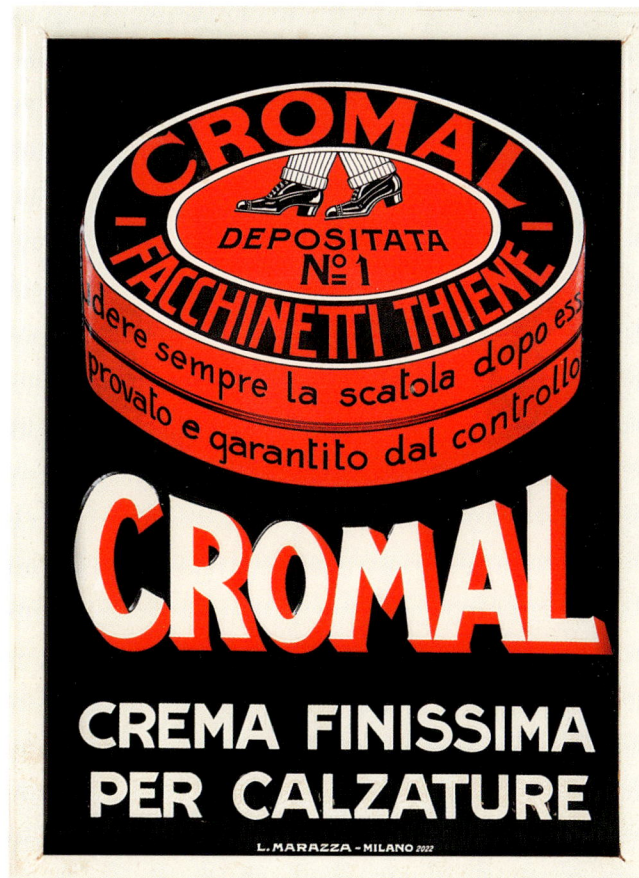

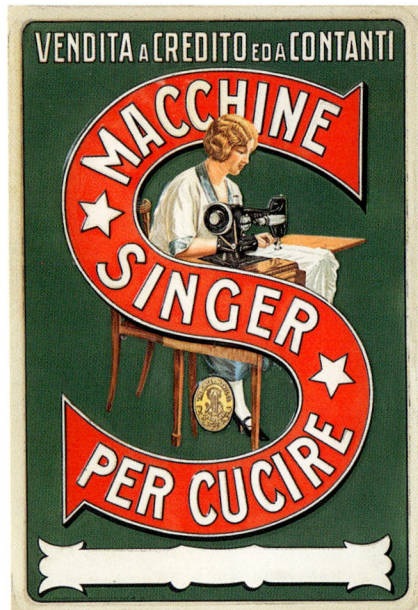

← Macchine Singer originali
90 x 65 cm
E. Passero & C., Monfalcone
circa 1930

← Macchine Singer per cucire
35 x 25 cm
E. Passero & C., Monfalcone
circa 1910

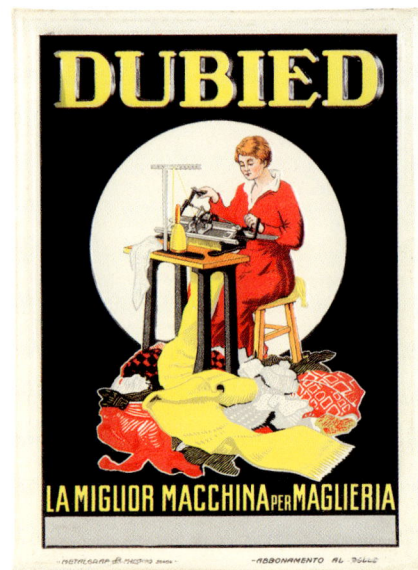

← Kayser
75 x 52 cm
circa 1920

← Dubied
35 x 25 cm
Metalgraf, Milano
circa 1925

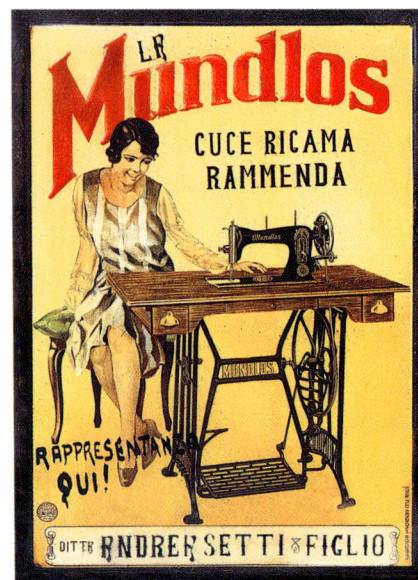

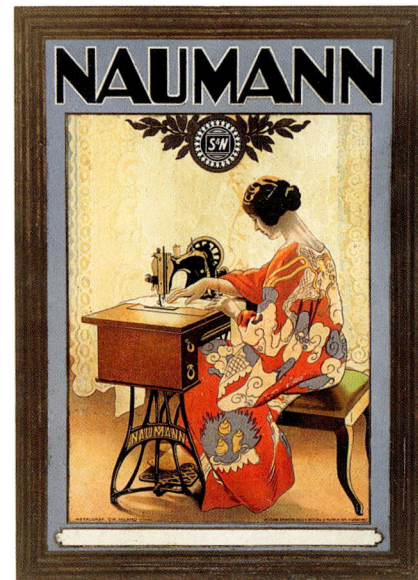

← Mundlos
100 x 70 cm
F.lli Nenzioni, Bologna
circa 1920

← Alberto Zardo
Naumann
92 x 65 cm
Metalgraf, Milano
circa 1920

↓ Macchine Singer per cucire
50 x 25 cm
G. De Andreis
Sampierdarena
circa 1900

↓ Cucirino Stella Comi
35 x 35
G. De Andreis
Sampierdarena
circa 1910

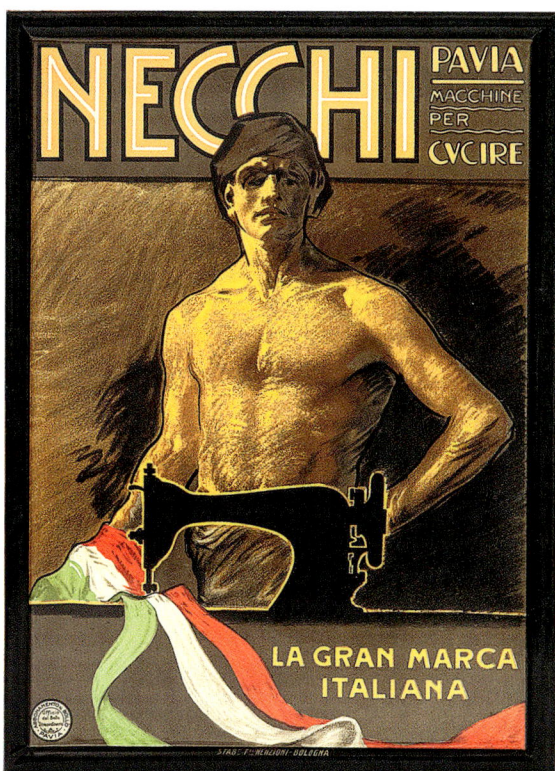

↓↓ Giovanni Nanni
Necchi
100 x 70 cm
F.lli Nenzioni, Bologna
circa 1920

A. Marcolongo
Strumenti musicali Roth
52 x 21 cm
Metalgraf, Milano
circa 1910

Iris
30 x 10 cm
C. Ranci & C., Milano
1898

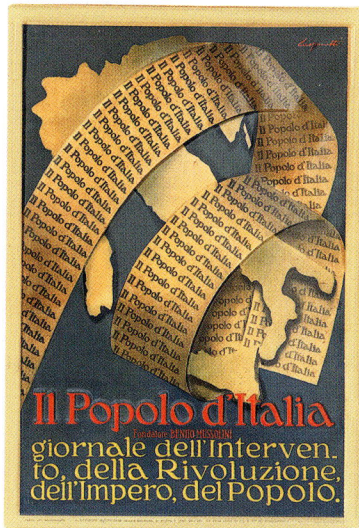

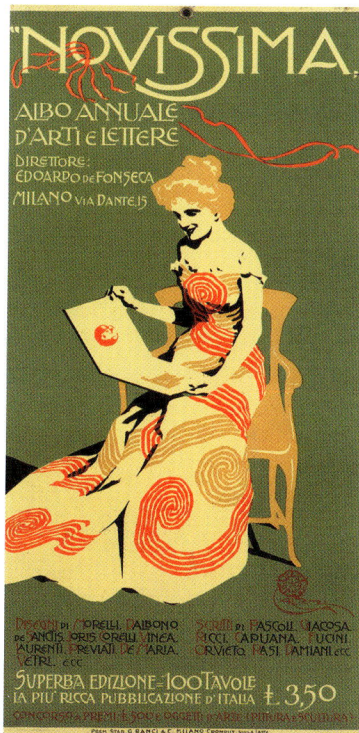

↑↑   Il Popolo d'Italia
48 x 34 cm
Metalgraf, Milano
circa 1930

↑   Aleardo Terzi
Novissima
34,8 x 16,1 cm
G. Ranci & C., Milano
circa 1900

↗   Giovanni Maria Mataloni
La Tribuna
50 x 34 cm
1913

→   L'Epoca
12 x 25 cm
circa 1920-1924

↓ La Voce del Padrone
100 x 70 cm
Metalgraf, Milano
circa 1930

→ Achille Luciano Mauzan
Pathé-Baby
100 x 70 cm
G. De Andreis, Sampierdarena
1925

Fotografo S. Rossetti
50 x 25 cm
Sauppe & Bush, Dresda
circa 1900

Ottica Berry, termometro
50 x 14 cm
De Paolini & Matossi, Torino
circa 1900

Eugenio Colmo (Golia)
Ottica Berry, termometro
40 x 12 cm
Metalgraf, Milano
circa 1930

↓ Orologi Zanith, termometro
41 x 17 cm
Sauppe & Busch, Dresda
circa 1900

↓ I.B.
Orologi Invicta
59 x 40 cm
circa 1910

↓ Lampade Edison
46 x 34 cm
Metalgraf, Milano
circa 1920

↓ Lampada Z
55 x 30 cm
Navoni, Magenta
circa 1920

↓ Lampada Leuci
49 x 34
Mastalli, Lecco
circa 1930

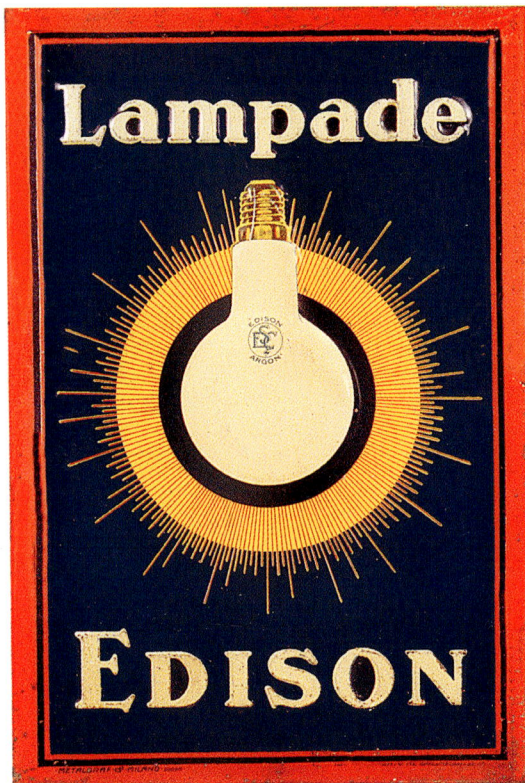

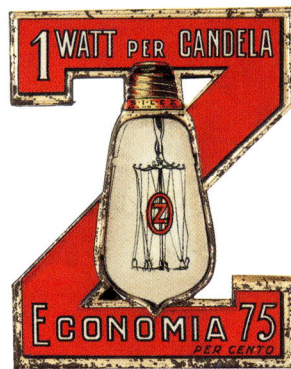

↓↓ Lampada Z
22 x 55 cm
circa 1920

↓↓ Lampada Z, portacenere
10 x 6 cm
circa 1920

↑ Radio
30 x 20 cm
circa 1930

↗ Orion
25 x 15 cm
circa 1930

→ Bruno Munari
Eiar
32 cm
Metalgraf, Milano
circa 1930

↓   Luigi Caldanzano
Benzina Lampo
57 x 31 cm
circa 1920

↓↓   Benzina Russa Victoria
34 x 50 cm
E. Passero & C., Monfalcone
circa 1920

↓   Benzina Lampo
31 x 57 cm
circa 1920

↓↓   Benzina Victoria
50 x 20 cm
Metalgraf, Milano
circa 1920

↓   Benzina Shell
60 x 60 cm
circa 1920

↓↓   Benzina Shell
48 x 65 cm
G. De Andreis
Sampierdarena
circa 1930

↓   Benzina Shell, orologio
22 cm
circa 1930

Alberto Zhelizh
Italoil
39 x 59 cm
E. Passero & C., Monfalcone
circa 1930

Globoil
25 cm
Metalgraf, Milano
circa 1920

Romoil
70 x 50 cm
G. De Andreis
Sampierdarena
circa 1920

↓ Mucci
Auto Rapid Oil
50 x 35 cm
E. Passero & C., Monfalcone
1927

↓ Aldo Mazza
Lubrificanti Shell
70 x 50 cm
Metalgraf, Milano
circa 1930

→ Lubrificanti Werner-Oil
50 x 35 cm
Metalgraf, Milano
circa 1910

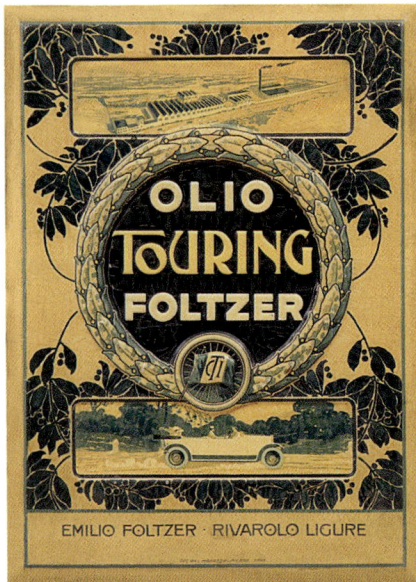

← Olio Touring Foltzer
35 x 25 cm
Marazza, Milano
1920

← Marcello Nizzoli
Lubrificanti
per autoveicoli Fiat
35 x 55 cm
Metalgraf, Milano
circa 1930

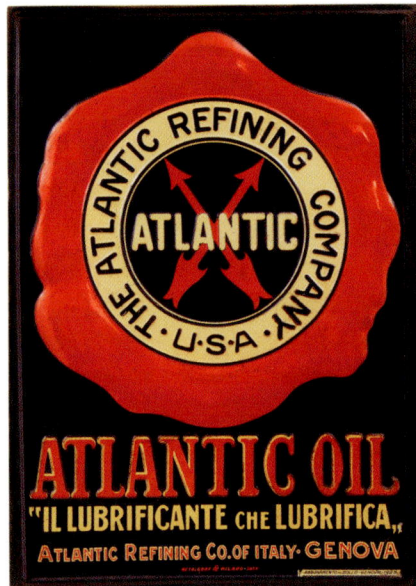

← Atlantic Oil
70 x 50 cm
Metalgraf, Milano
circa 1930

← Ambroil
50 x 35 cm
Metalgraf, Milano
circa 1920

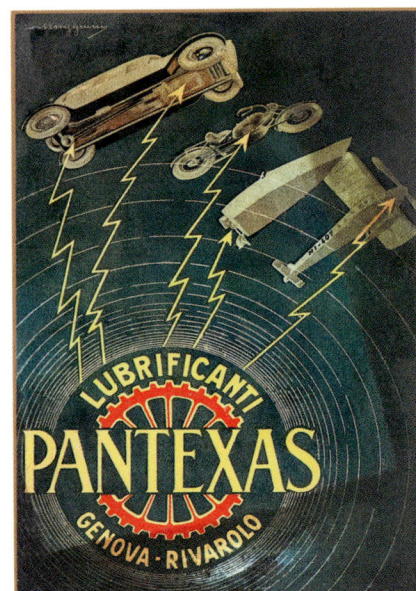

← Giorgio Muggiani
Lubrificanti Pantexas
35 x 25 cm
circa 1930

← Oleoblitz
50 cm
Metalgraf, Milano
1910

→ Olio per auto Spidoléine
35 x 48 cm
Metalgraf, Milano
circa 1920

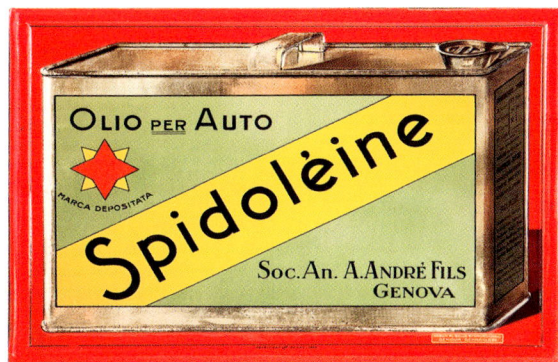

→ Milloil
45 x 48 cm
Metalgraf, Milano
circa 1930

→ Lubrificanti Permolio
35 x 49 cm
Metalgraf, Milano
circa 1920

→ Romsa
20 x 20 cm
G. De Andreis
Sampierdarena
circa 1930

→ Olio Ricino Gobetti
48 x 65 cm
Metalgraf, Milano
circa 1930

→ Royal Motoroil
48 x 65 cm
Metalgraf, Milano
circa 1940

→ Lubrificante Ricinaureol
35 x 60 cm
Fratelli Nenzioni, Bologna
circa 1930

→ Rapid Autoil
50 x 80 cm
S.A. G. De Andreis
Sampierdarena
circa 1920

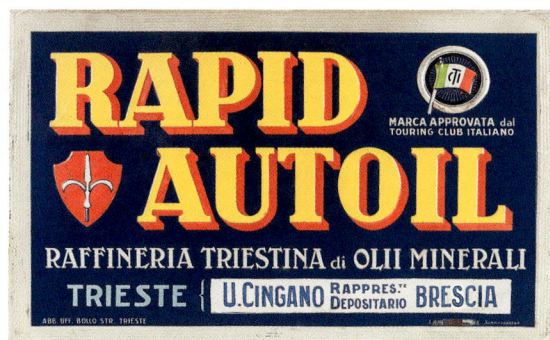

→ Lubrificanti Filea
22 x 52 cm
Metalgraf, Milano
circa 1920

← Alfa Romeo
87 cm
circa 1920

→ Fiat
94 cm
Arrigo Coen, Milano
circa 1920

Stanley Charles Roowy
Pneu Pirelli
60 x 90 cm
Metalgraf, Milano
1914

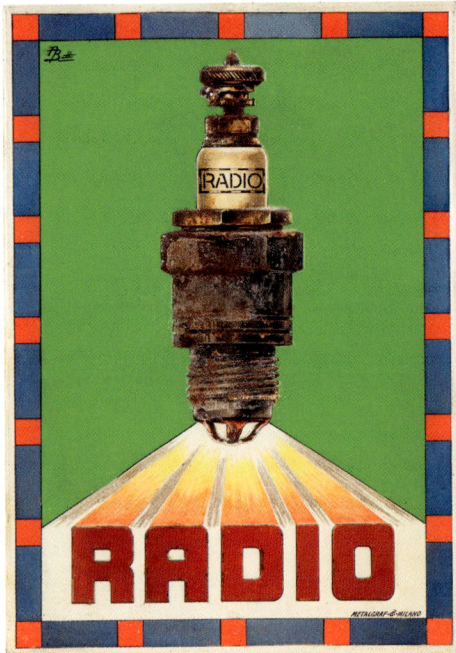

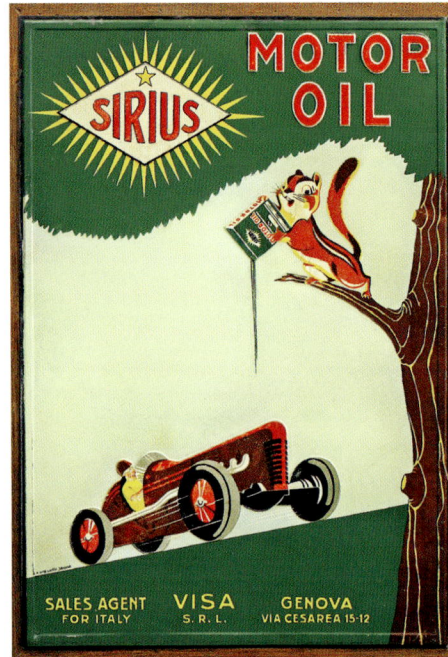

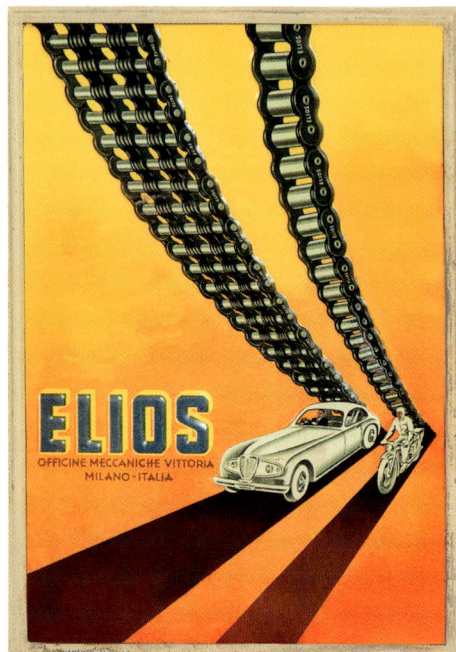

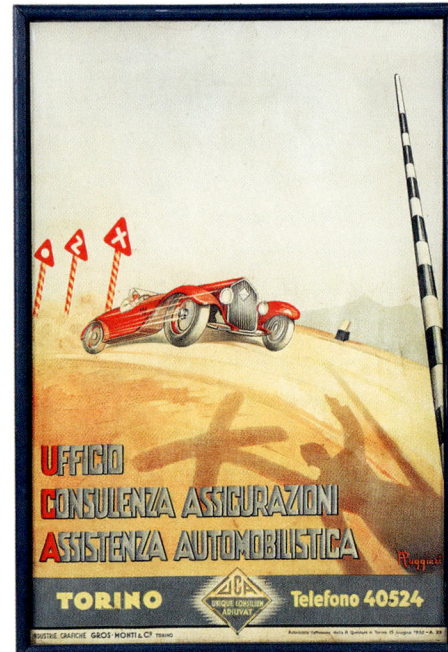

← Prodotti per auto SIA
20 x 30 cm
circa 1930

← Lampade Edison
34 x 46 cm
circa 1930

← Candele Radio
48 x 35 cm
Metalgraf, Milano
circa 1930

← Sirius Motor Oil
60 x 40 cm
Litolatta, Savona
circa 1940

← Elios Officine Meccaniche
Vittoria
35 x 25 cm
Marchi, Bologna
circa 1930

← Ufficio Consulenza
Assicurazioni
Assistenza Automobilistica
100 x 70 cm
circa 1930

→ Giorgio Muggiani
Spidoléine
60 x 40 cm
Edizioni Muggiani
Milano-Genova
circa 1920

Moto Bianchi
25 x 35 cm
circa 1925

Renzo Bassi
Pirelli
65 x 48 cm
G. De Andreis
Sampierdarena
circa 1930

↓ Plinio Codognato
Pirelli
65 x 48 cm
Metalgraf, Milano
1930

↓ Pneus Velo
Pirelli
65 x 48 cm
Metalgraf, Milano
circa 1930

↑↑ Cicli Maino
100 x 70 cm
Metalgraf, Milano
circa 1920

↑ Fabbre e Gagliardi
33 x 57 cm
De Paolini, Matossi & C.,
Torino
circa 1890

↑↑ S. Bagni
Cicli Gloria
50 x 35 cm
circa 1920

↑ Cicli Sprinter
rendiresto
10 cm
circa 1910

Cicli Prina
55 cm
circa 1920

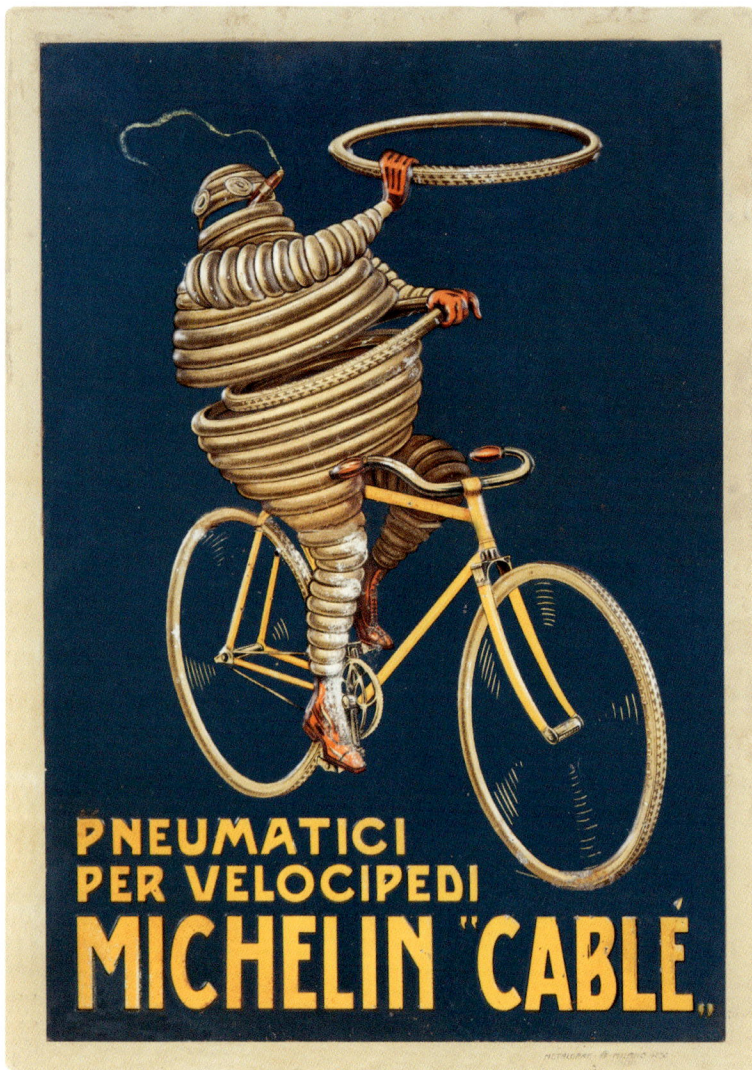

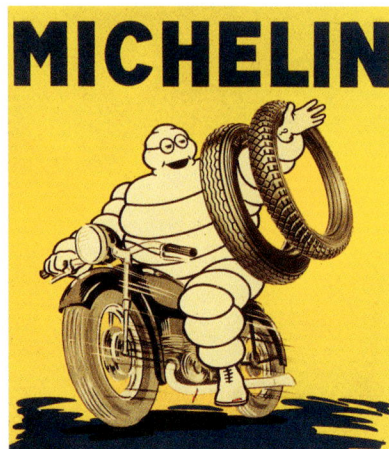

Pneumatici per velocipedi
Michelin Cablé
49 x 34 cm
Metalgraf, Milano
circa 1910

Pneumatici Michelin
49 x 34 cm
Metalgraf, Milano
circa 1920

Michelin
70 x 50 cm
circa 1950

Michelin
25 x 20 cm
circa 1950

Pneumatici Aquila
44 x 48 cm
A. Vendittelli, Milano
circa 1930

Manlio
Bicicletta Wolsit e Gomme
Pirelli
55 x 35 cm
Arrigo Coen, Milano
circa 1930

Cicli Giovanni Gerbi
48 x 34 cm
circa 1930

Manlio
Biciclette Legnano
35 x 25 cm
Arrigo Coen, Milano
1926

← Navigazione Generale Italiana
48 x 70 cm
Metalgraf, Milano
circa 1910

← Fred Pansing
Navigazione La Veloce
70 x 100 cm
Metalgraf, Milano
circa 1910

↑ Navigazione Generale Italiana
50 x 35 cm
Metalgraf, Milano
1920

↗ Navigazione Generale Italiana
120 x 80 cm
G. De Andreis
Sampierdarena
circa 1920

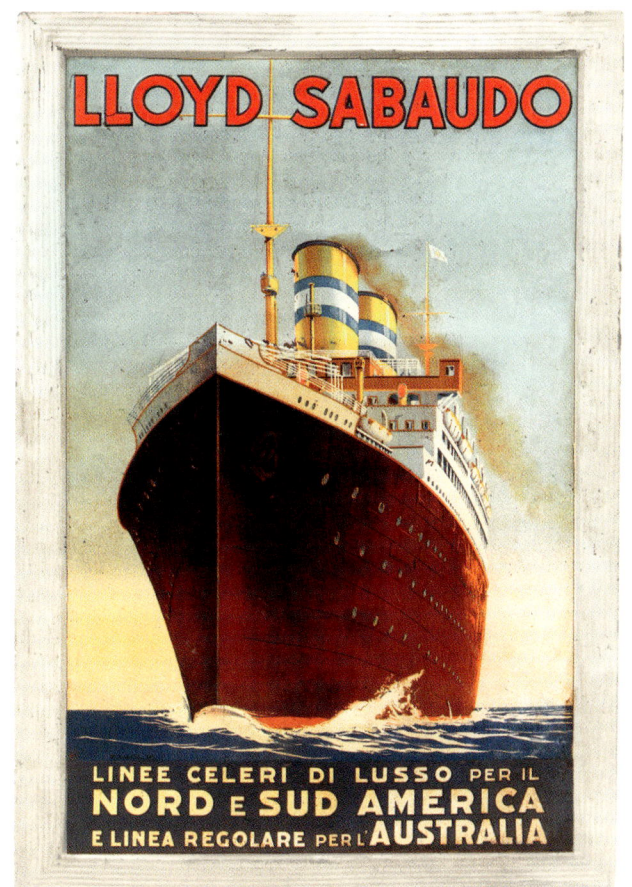

→ Zanolio
Lloyd Sabaudo
140 x 100 cm
Metalgraf, Milano
circa 1920

← Navigazione Generale Italiana
70 x 100 cm
Metalgraf, Milano
circa 1900

← Ugo Flumiani
Società Navigazione
D. Tripcovich
35 x 50 cm
Metalgraf, Milano
circa 1930

↑↑   Navigazione Italia
80 x 120 cm
G. De Andreis
Sampierdarena
circa 1910

↑   Lloyd Sabaudo
32 x 45 cm
G. De Andreis
Sampierdarena
circa 1930

↑   Navigazione Generale Italiana
34 x 49 cm
circa 1930

↑   Lloyd Sabaudo
45 x 65 cm
circa 1930

↓   Lloyd Italico
        16 x 24 cm
        circa 1920

↓↓   Societé Royale
        19 x 25 cm
        circa 1830

↓   L'Abeille
        17 x 23 cm
        circa 1860

↓↓   The Glasgow
        16 x 23 cm
        1912

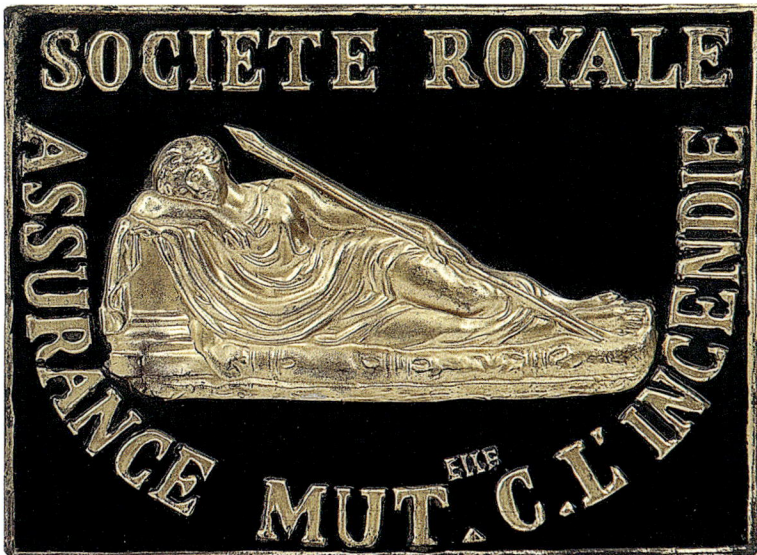

← Azienda Assicuratrice
20 x 28 cm
1880

← La Nazionale
24 x 18 cm
circa 1880

← La Provinciale
21 x 22 cm
circa 1900

← La Nazione
34 x 27 cm
circa 1870

← L'Aquila
28 x 21 cm
circa 1880

← Società Incendi
Castelnovese
205 x 242 cm

↖↖ North British
18 x 25 cm
1900

↗↗ Società Mutua Parmense
18,5 x 24 cm
circa 1880

↖ Prima Società Ungherese
20 x 26 cm
circa 1890

↗ L'Etruria
186 x 241 cm
circa 1870

← La Concordia
17 x 23 cm
circa 1875

← Savoia
17 x 25 cm
circa 1930

← Assicurazioni Alta Italia
16 x 24 cm
circa 1915

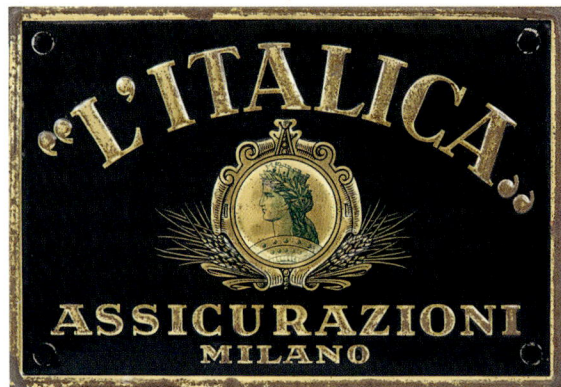

← L'Italica
17 x 25 cm
1947

← Istituto di Sicurtà Generali
17 x 24 cm
circa 1930

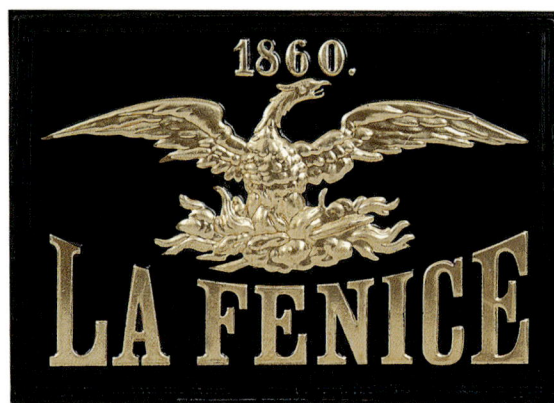

← La Pace
12 x 17 cm
1923

← La Fenice
18 x 25 cm
circa 1930

← La Vittoria
15 x 25 cm
circa 1900

← Prima Società Ungherese
21 x 26 cm
circa 1880

→ Italia previdente
14 x 23 cm
1918-1923

→ San Giorgio
12 x 23 cm
circa 1925

→ Fata
18 x 26 cm
1948

→ Esperia
19 x 26 cm
circa 1925

→ La Fratellanza
20 x 24 cm
circa 1920

→ Società locale
18 x 24cm
circa 1930

→ La Previdente
17 x 25 cm
1923

→ La Croce
16 x 24 cm
circa 1900

← Mutua italiana
17 x 25 cm
1909

← Istituto Italiano di Previdenza
17 x 24 cm
1920

← Alleanza Securitas Esperia
18 x 25 cm
1933

← Cooperativa Incendi
16 x 24 cm
circa 1900

← Cooperativa generale
di Assicurazioni
24 x 17 cm
A. Biffi, Lecco
circa 1900

← Anglo-Italian Assurance Co.
24 x 17 cm
Metalgraf, Milano
1920

↓ L'Italiana
   17 x 24 cm
   circa 1910

↓↓ Leopoldo Metlicovitz
    La Nuova Milano Grandine
    34,5 x 24 cm
    G. Ranci & C., Milano
    1900

↓ L'Italiana
   60 x 80 cm
   1910

↓↓ Riunione Adriatica di Sicurtà
    20 x 27 cm
    circa 1870

↓ La Canalese
20 x 27 cm
circa 1910

↓↓ Cremonese
15 x 25 cm
circa 1925

↓↓ Mutua Nazionale
22 x 25 cm
circa 1920

↓ L'Emilia
16 x 23 cm
1920

↓↓ Il Duomo
15 x 23 cm
1924

↓↓ Pontificia
21 x 27 cm
circa 1860

→ Istituto prov. Incendi
  19 x 24 cm
  circa 1930

→ Assurances Generales
  16 x 22 cm
  circa 1920

→ Fiume
  12 x 17 cm
  1949

→ La Monferrina
  18 x 26 cm
  circa 1910

→ Securitas
  24 x 20 cm
  circa 1925

→ Basilese
  24 x 17 cm
  circa 1920

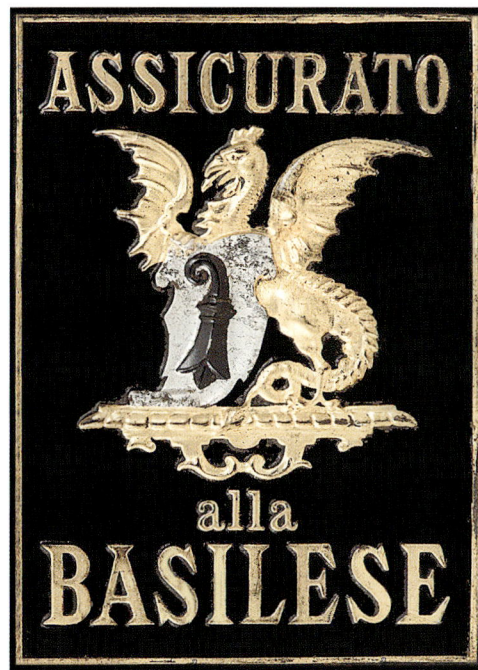

↑↑ Torchi Negro
70 x 100 cm
circa 1910

↑ Torchi Negro
40 x 60 cm
Arrigo Coen, Milano
circa 1910

↑ Boero & C.
rendiresto
7 x 10 cm
Società Ligure Lavorazione
Latta, Sampierdarena
circa 1900

↓ Leonida Edel
Cinghie Cuoio per Macchine
Antonio Varale
Metalgraf, Milano
70 x 50 cm
circa 1910

↓↓ Società Siderurgica di Savona
rendiresto
6 x 10 cm
G. De Andreis
Sampierdarena
circa 1920

↓ Motori e Gazogeni Bachtold
70 x 50 cm
Metalgraf, Milano
circa 1910

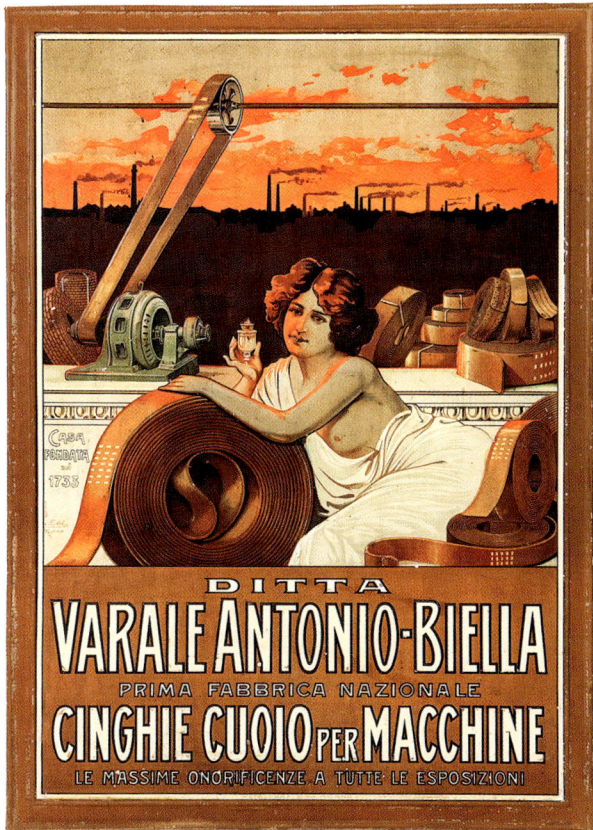

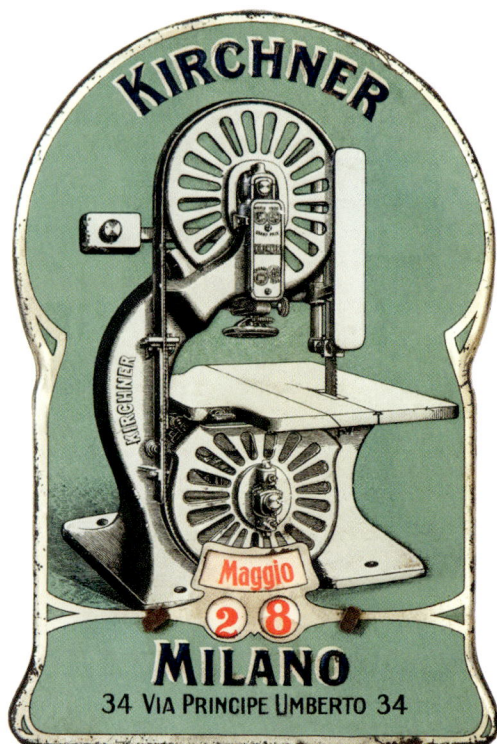

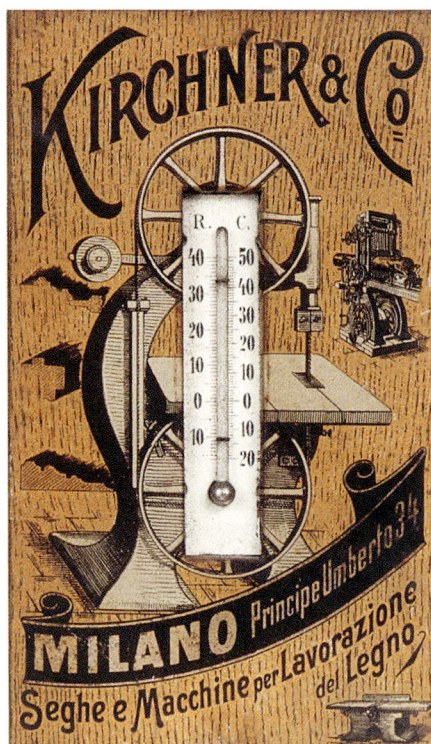

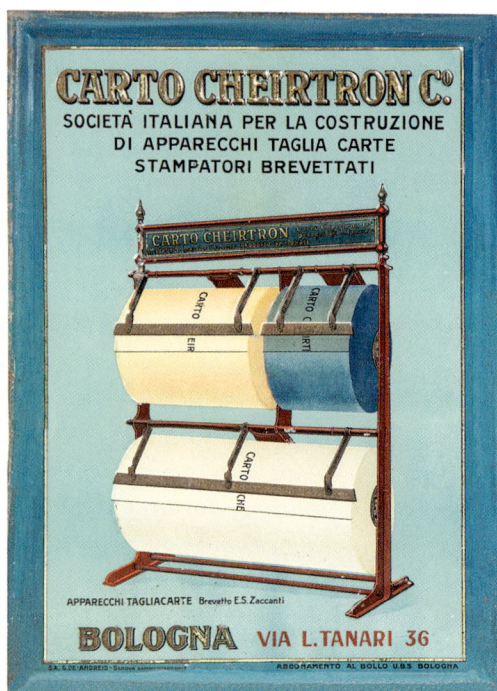

↑↑ Kircher, calendario
25 x 15 cm
1910 ca

↑ Carto Cheirtron C.
35 x 25
circa 1930

↑↑ Kirchner & C., termometro
25 x 15 cm
Litografia Lipsia
circa 1910

↑ Registro a fogli mobili
Kalamazoo
35 x 25 cm
circa 1930

↑ Casseforti Becher &
Hildesheim
42 x 36 cm
circa 1890

↑↑ Anigrina Acapnia Subllimite
Baschieri & Pellagri
35 x 60 cm
G. De Andreis
Sampierdarena
circa 1910

↑ Elettropompe Ansaldo
San Giorgio
100 x 70 cm
De Andreis Casanova
Sampierdarena
circa 1940

↗ Luciano Bonacini
Servizio Assistenza Trattori
Ansaldo-Fossati
68 x 51 cm
Società Ligure Lavorazione
Latta, Sampierdarena
circa 1940

↑↑ Carmelo Marotta
Macchine da Ghiaccio e
Frigorifere Gaetano Barbieri
& C.
25 x 35 cm
Metalgraf, Milano
circa 1930

↑ Pompe San Giorgio
100 x 70 cm
G. De Andreis Casanova
Sampierdarena
circa 1930

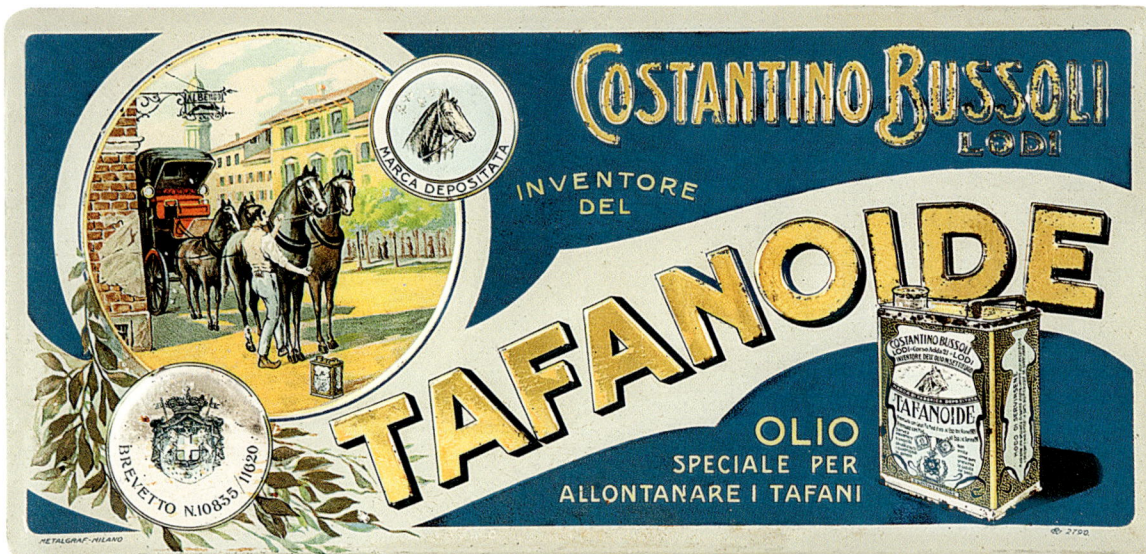

Tafanoide
16 x 33 cm
Metalgraf, Milano
circa 1910

Stabilimento Bacologico
Dott. V. Costantini
34 x 50
Metalgraf, Milano
circa 1920

Monta Taurina
30 x 50 cm
Metalgraf, Milano
circa 1930

Royal Fulgor
25 x 35 cm
G. De Andreis
Sampierdarena
circa 1910

↓   E. Pasqualis, termometro
50 x 14 cm
circa 1910

↓   G.B. Nob. Sbrojavacca
24 x 16 cm
Prager & Lojda, Berlino
circa 1920

↓   Pino Casarini
Stabilimento Bacologico
ditta Giacomo Apostoli
100 x 70
Metalgraf, Milano
circa 1900

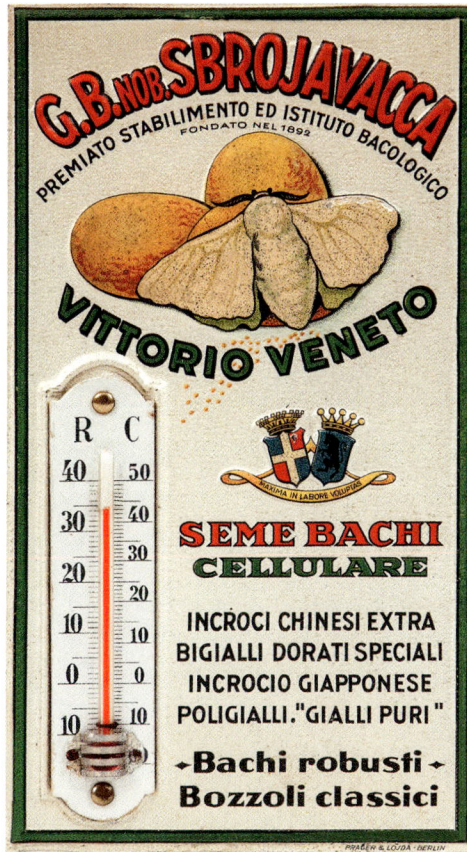

← Romolo Tessari
Concimi Colla
45 x 70 cm
G. De Andreis
Sampierdarena
circa 1910

← F.lli Ingegnoli
25 x 35 cm
Metalgraf, Milano
circa 1930

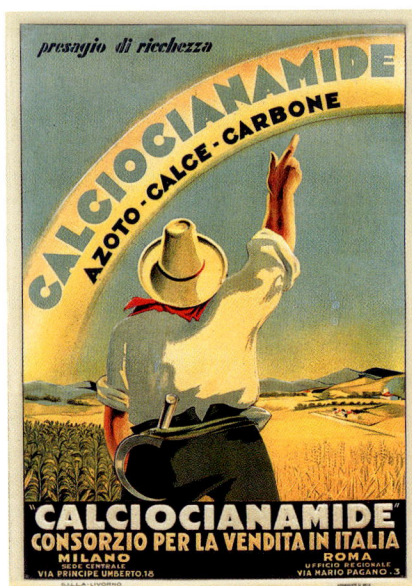

← Calciocianamide
70 x 50
Silla, Milano
circa 1940

← Gerolamo Bartoletti
La Domenica dell'Agricoltore
50 x 35 cm
Metalgraf, Milano
circa 1920

→ Romolo Tessari
Scorie Thomas
50 x 35 cm
G. De Andreis
Sampierdarena
circa 1910

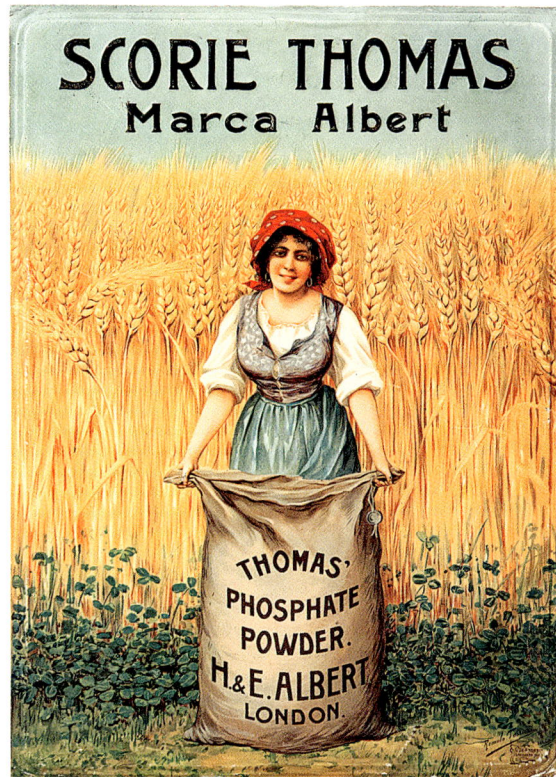

→ Plinio Codognato
Solfato ammonico
68 x 49 cm
Marazza, Milano
circa 1920

→ Pasta Caffaro
60 x 46 cm
Marazza, Milano
circa 1910

→ Romolo Tessari
Miniere Solfuree Trezza
Albani
48 x 34 cm
G. De Andreis
Sampierdarena
circa 1920

↓ Conserva di pomidoro
Conti Rivalta & C.
38 x 48 cm
Metalgraf, Milano
circa 1910

↓↓ Conserva di pomidoro
Carlo Erba
34 x 49 cm
circa 1900

↓ Doppio concentrato
Ditta Alberto Cavalli
48 x 34 cm
circa 1920

↑ Conserve Alimentari La Camarina
24 x 49 cm
Metalgraf, Milano
circa 1920

← Estratto di pomidoro
Ditta Moglia Egisto
51 x 35 cm
G. De Andreis
Sampierdarena
circa 1910

↓ I.B.
Estratto di pomidoro
F. Zardoni
50 x 35 cm
circa 1910

↙ Conserva di pomidoro Barbè
Gulinelli & C.
48 x 34 cm
Metalgraf, Milano
circa 1910

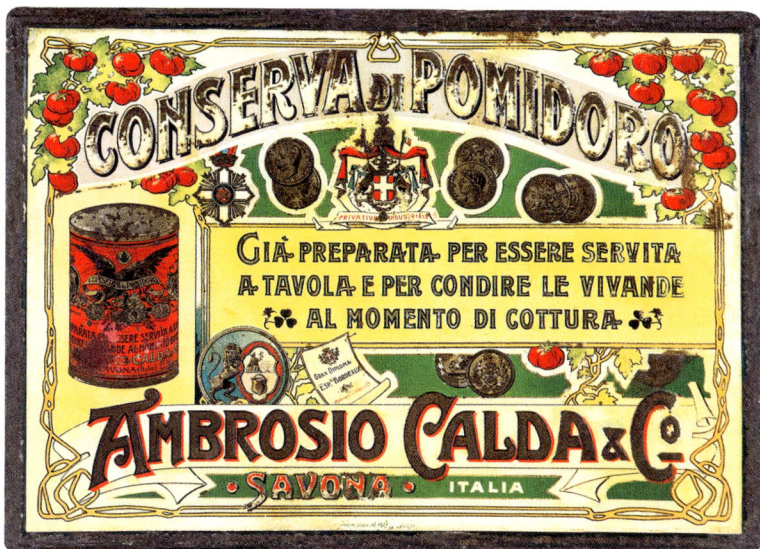

↑↑ Estratto di pomidoro
Leonardi-Leni
15 x 35 cm
Metalgraf, Milano
circa 1910

↑↑ Conserva di pomidoro
Ambrosio Calda & C.
34 x 47 cm
A. Biffi, Lecco
circa 1910

↑ Estratto concentrato di
pomodoro di Parma " La
Cloche" Conti Calda & C.
35 x 50 cm
Metalgraf, Milano
circa 1930

↑↑ Estratto di pomidoro
Giuseppe Orsi & C.
24 x 49 cm
Metalgraf, Milano
circa 1910

↑↑ Società Parmigiana Prodotti
Alimentari
46 x 65 cm
Metalgraf, Milano
circa 1920

↑ Estratto di pomidoro
Francesco Salvini & C.
34 x 50 cm
Metalgraf, Milano
circa 1920

Tinko
Conserve Alimentari Musi &
Polon
34 x 24 cm
Arrigo Coen, Milano
circa 1930

Concentrato di pomodoro
"Elmetto" Cav. Umberto
Cantù
45 x 45 cm
circa 1920

Conserve "Pasquino"
Paolo Baratta & Figli
49 x 34 cm
Metalgraf, Milano
circa 1920

Konserven "Pasquino"
Paolo Baratta & Figli
49 x 34 cm
Metalgraf, Milano
circa 1920

Conserve "Pasquino"
Paolo Baratta & Figli
20 x 48 cm
litografia in proprio
circa 1930

Società Anonima Torinese di
Conserve Alimentari
33 cm
Metalgraf, Milano
circa 1910

Società Generale Francese di
Conserve Alimentari S.A.
65 x 49 cm
E. Passero & C., Monfalcone
circa 1920

Ostriche di Taranto
e del Fusaro
50 x 35 cm
Metalgraf, Milano
circa 1930

Pastificio Liguori
40 cm
circa 1910

La Nutriente di Ronzi
Roberto
17 x 33 cm
Metalgraf, Milano
circa 1920

Società Mirandolese per la
Fabbricazione di Conserve
Alimentari
34 x 48 cm
Metalgraf, Milano
circa 1920

Tonno all'olio
F.R.Tenorio
24 x 33 cm
G. De Andreis
Sampierdarena
circa 1892

E. Bigliardi
Pastificio L. Baroni & C.
50 x 35 cm
G. De Andreis
Sampierdarena
circa 1920

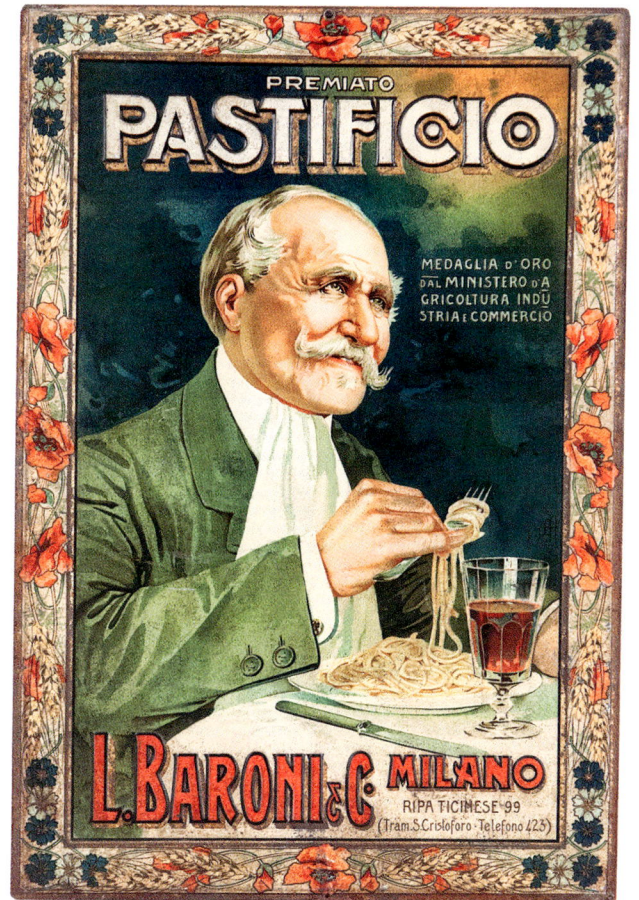

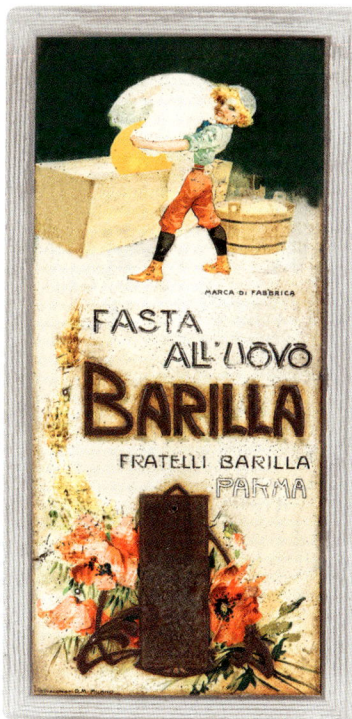

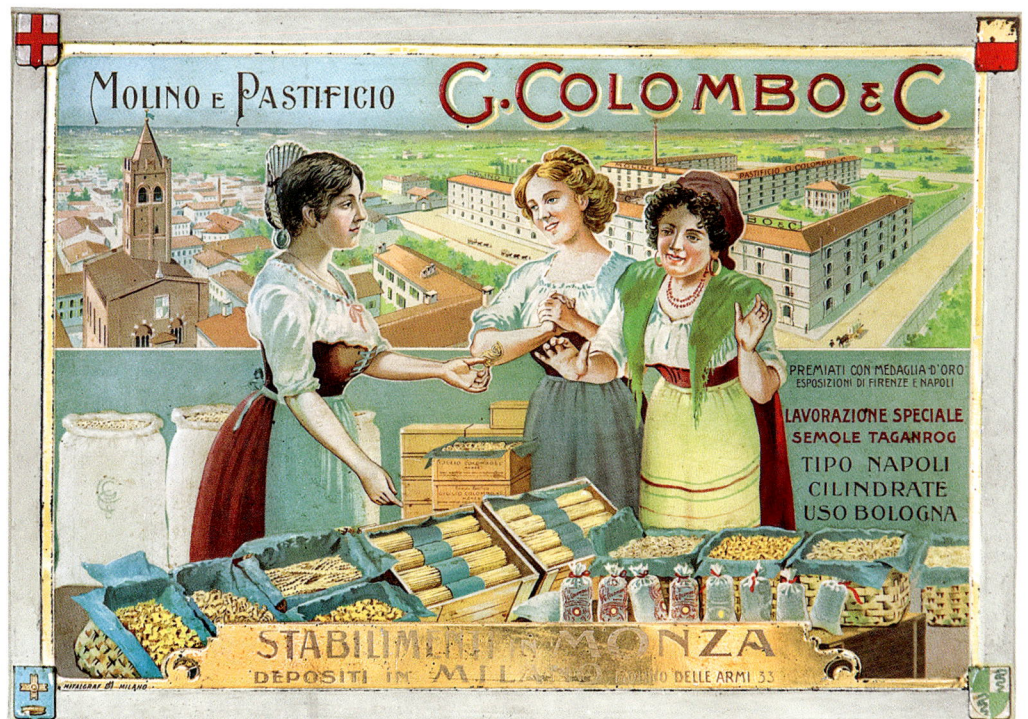

↑ Ettore Vernizzi
Pasta all'Uovo Barilla
49 x 23 cm
Metalgraf, Milano
circa 1910

↑ Molino e Pastificio
G.Colombo & C.
35 x 50 cm
Metalgraf, Milano
circa 1910

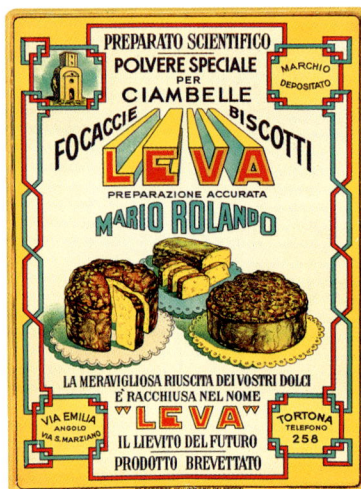

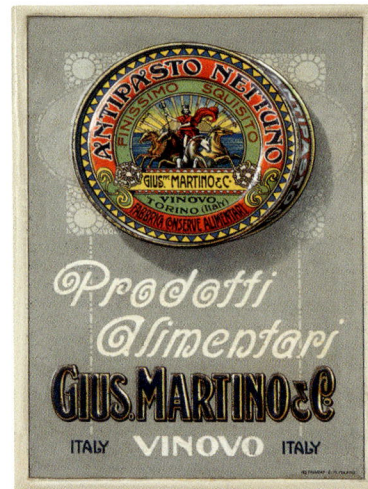

↑↑ Daniele (de) Strobel
Farina lattea Alpina
34 x 46 cm
Marazza, Milano
circa 1910

← Romolo Tessari
Latte Condensato "La Lattaia"
47 x 30 cm
G. De Andreis
Sampierdarena
circa 1910

↖ Polvere speciale per ciambelle
Leva
33 x 25 cm
Metalgraf, Milano
circa 1930

↑ Prodotti Alimentari Gius.
Martino & C.
30 x 20 cm
circa 1930

→ Francesco Ferrari d'Ant.
35 x 25 cm
G. De Andreis, Sampierdarena
circa 1890

→ Burro Vegetale Palmola
20 x 32 cm
circa 1930

↑↑ Olio d'Oliva produttori
di Bari
18 x 18 cm
circa 1900

↑ Olio Valentino Tomatis
25 x 35 cm
circa 1920

↑ Olio Valentino Tomatis
25 x 35 cm
Pagani
circa 1930

↑ Olio Bresciano
70 x 50 cm
Stab. Renzetti Oneglia
circa 1920

↗ Olio d'oliva
Fratelli Carli
100 x 70 cm
G. De Andreis
Sampierdarena
circa 1930

↑ Olio d'oliva Sciolli & Berio   ↑ Olio d'oliva di Chiavari
32 x 25 cm   33 x 25 cm
circa 1920   circa 1920

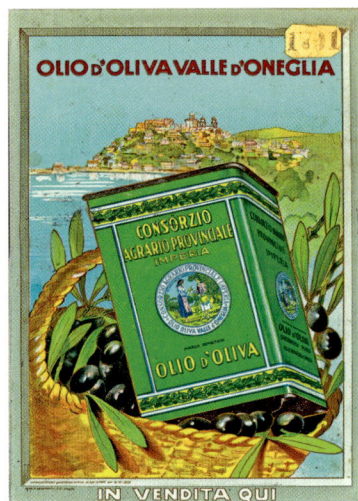

← Olio d'oliva superiore
  Agostino Novara
  35 x 25 cm
  circa 1920

← Olio d'oliva Valle Oneglia
  35 x 25 cm
  circa 1920

← Olio d'oliva Dante
  35 x 25 cm
  circa 1920

← Olio Carli, vassoio
  40 x 30 cm
  circa 1920

↑ Società Anonima Italiana
  Raffinazione Oli
  24 x 34 cm
  Soc. Solertia, Porto Maurizio
  circa 1940

↑ Giuseppe Magagnoli (Maga)
Olio Fratelli Berio
35 x 25 cm
Stab. Renzetti, Oneglia
circa 1920

↗ Olio Bresciano
70 x 50 cm
Stab. Renzetti, Oneglia
circa 1920

↑ Olio Rainisio
35 x 25 cm
circa 1920

↑ Olio Trucchi
35 x 25 cm
circa 1920

Liebig
50 x 35 cm
G. De Andreis
Sampierdarena
circa 1900

A.L. Sacchi
Liebig
50 x 35 cm
Metalgraf, Milano
circa 1920

↑↑ Liebig
35 x 50 cm
circa 1920

↑ Liebig
6 x 40 cm
Metalgraf, Milano
circa 1910

→ Liebig
34 x 24 cm
1890

↑ Pollione Sigone
Vero estratto di carne
Arrigoni
24 x 35 cm
E. Passero & C., Monfalcone
circa 1920

← Brodo Famos
15 x 35 cm
Metalgraf, Milano
circa 1910

← Estratto carne
Biasoli
17 x 33 cm
circa 1920

→ Josè Gentilini
Minestre Maggi
46 x 32 cm
circa 1900

↑ Industria Salumeria
   Bolognese Fratelli Zappoli
   49 x 69 cm
   De Paolini Matossi & C.
   Torino
   1890

→ Formaggi salumi conserve
   Fratelli Avezzano
   34 x 48 cm
   circa 1920

← Salumi Fratelli Lanzarini
   60 x 40 cm
   circa 1910

Formaggi Bianchi
49 x 34 cm
G. De Andreis
Sampierdarena
circa 1930

Formaggi Giacomo Migliorati
50 x 35 cm
Metalgraf, Milano
circa 1920

↓ Formaggi
Umberto Coperchini
22 x 41 cm
Metalgraf, Milano
circa 1920

↓ Premiate latterie
Antonio Salvaterra
16 x 34 cm
Metalgraf, Milano
circa 1920

↓↓ Formaggi Locatelli
16 x 32 cm
Metalgraf, Milano
circa 1920

↑↑ Formaggi Pelagatti
35 cm
Alma,
Milano
circa 1920

↑ Osvaldo Ballerio
Formaggi Pelagatti
24 x 49 cm
Metalgraf, Milano
circa 1920

↑↑ Osvaldo Ballerio
Formaggi Pelagatti
35 cm
Alma, Milano
circa 1920

Cacio Reale
55 cm
circa 1910

↑↑ O.G. Vero Estratto di Caffè
Olandese
18 x 30 cm
Metalgraf, Milano
circa 1930

↑↑ Tostato Brasil
30 x 40 cm
Filam, Milano
circa 1930

↑ Caffè Figli di Luzio Crastan
23 x 36 cm
Marzorati, Savona
circa 1940

↑↑ Camomilla Acossato
18 x 40 cm
circa 1920

↑↑ Caffè A. Rousseau & Figlio
34 x 48 cm
Metalgraf, Milano
circa 1900

↑ Caffè Medaglia d'Oro
vassoio
25 x 35 cm
circa 1940

→ Caffè Rossa-Vercelli
68 x 98 cm
G. Ranci & C., Milano
circa 1900

→ Caffè S. A. Luigi Rossa
34 x 25 cm
Navoni Ghirlanda & C.
Milano
circa 1900

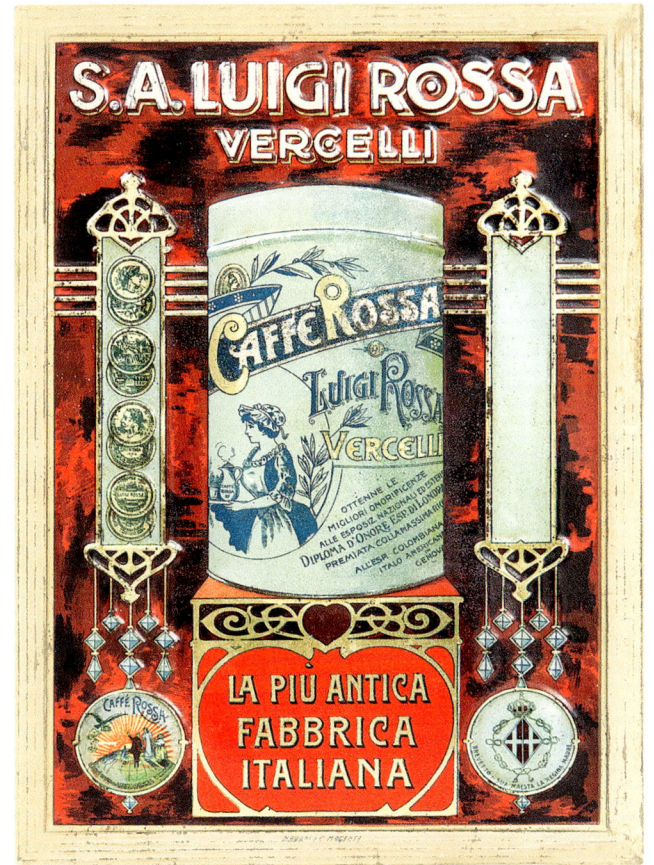

→ Caffè Rossa di Luigi Rossa
34 x 48 cm
G. Ranci & C., Milano
circa 1900

→ Caffè Rossa di Luigi Rossa
rendiresto
10 cm
De Paolini Matossi & C.
Torino
circa 1900

→→ Vero Estratto di Caffè
Olandese Luigi Rossa
vassoio
40 x 25 cm
Navoni Ghirlanda & C.
Milano
circa 1900

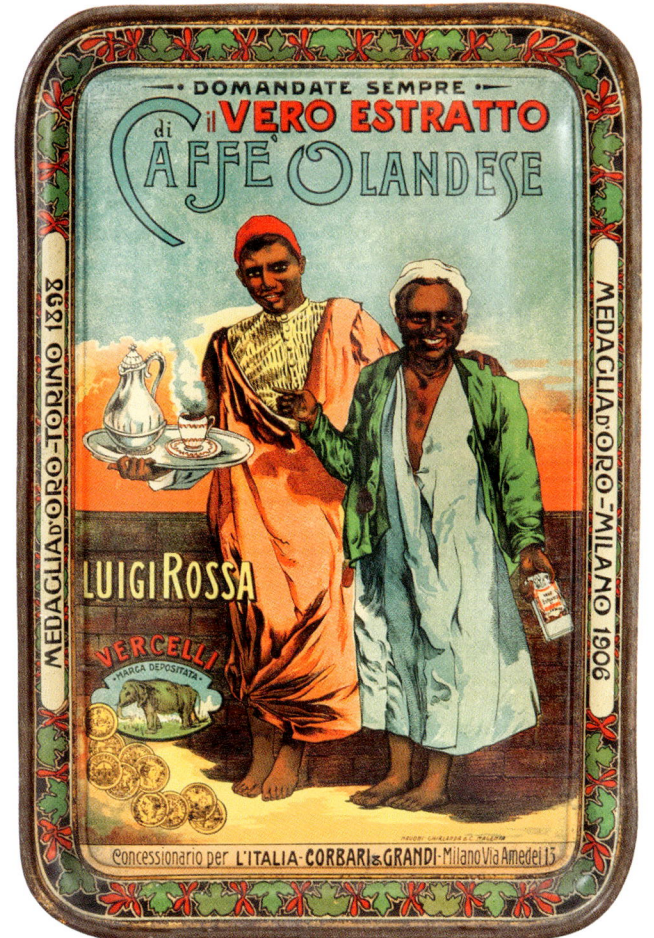

→ La Victoria Arduino
portacenere
10 cm
circa 1910

Cioccolato delle Piramidi
Talmone
100 x 70 cm
Metalgraf, Milano
circa 1910

Cioccolato e Cacao Talmone
35 x 50 cm
G. De Andreis
Sampierdarena
1898

Gianduya Talmone, vassoio
45 x 35 cm
circa 1920

Aleardo Terzi
Michele Talmone
45 x 56 cm
Metalgraf,
Milano
circa 1910

Cioccolato delle Piramidi
Talmone
20 x 30 cm
Prager & Lojda,
Berlino
circa 1900

Passi
Cacao delle Piramidi Talmone
40 x 58 cm
G. De Andreis
Sampierdarena
circa 1900

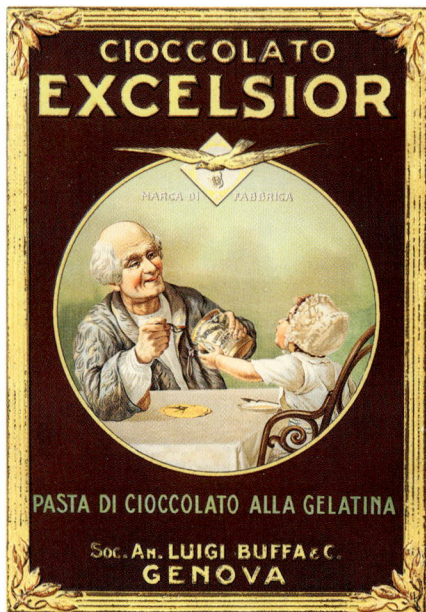

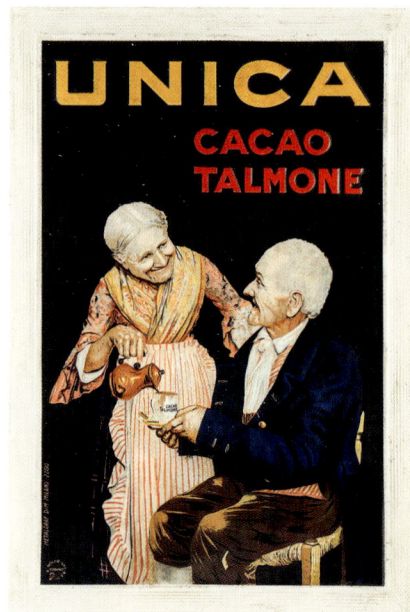

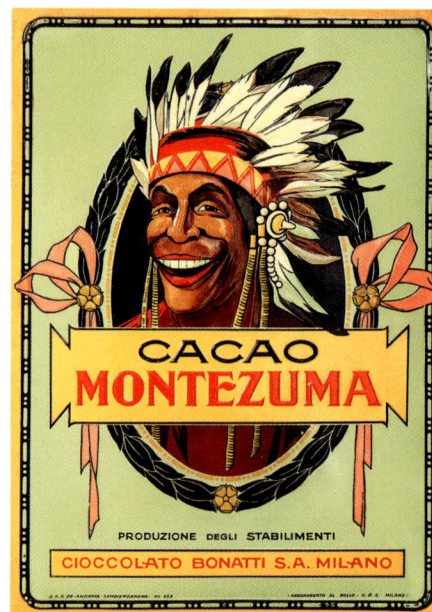

↑↑ Cioccolato Excelsior
50 x 35 cm
circa 1900

↑ Cioccolato Sant'Antonio
Luigi De Giusti
De Paolini Matossi & C.
Torino
50 x 20 cm
circa 1900

↑↑ Ochsner
Unica Cacao Talmone
100 x 70 cm
Metalgraf, Milano
circa 1930

↑ Cioccolato Santé
42 x 20 cm
Prager & Lojda, Berlino
circa 1910

↑↑ Cacao Montezuma
50 x 35 cm
G. De Andreis
Sampierdarena, circa 1920

↑ Aleardo Villa
Cacao Dolomiti
50 x 35 cm
G. Ranci & C., Milano
circa 1900

↑ Cacao Saica già Gay Revel -
Beata Perrone
34 x 24 cm
circa 1920

↗ Cioccolato e Confetti Saica
già Gay Revel - Beata Perrone
34 x 24 cm
circa 1920

→ Alberto della Valle
Cioccolato Beata e Perrone
48 x 34 cm
G. De Andreis Sampierdarena
circa 1900

↑↑ Giacomo Malugani
Cioccolato-Cacao Caffarel
Prochet
50 x 34 cm
G. De Andreis
Sampierdarena
circa 1920

↑ Torrone di Canelli
25 x 50 cm
G. De Andreis,
Sampierdarena
circa 1930

↗ Romolo Tessari
Cacao-Chocolat Lejet
50 x 35 cm
G. De Andreis
Sampierdarena
circa 1920

→ Cioccolato Caramelle
Confetture Ambrosia
40 x 30 cm
G. De Andreis
Sampierdarena
circa 1920

Giovanni Battista Guerzoni
Cioccolato e Cacao
Moriondo e Gariglio
40 cm
G. De Andreis, Sampierdarena
circa 1910

Cioccolata Sempione
Lombardi & Macchi
Milano

LOMBARDI & MACCHI
MILANO

CONFETTI · CIOCCOLATA · CACAO IN
POLVERE · FRUTTI CANDITI · MOSTARDA
DI FRUTTI · SCIROPPI · CARAMELLE · GOMME
DOLCI & BOMBONIERE · SACCHETTI PER NOZZE ED AFFINI

CACAO E CIOCCOLATO
"DOLOMITI"
MARCA DI FABBRICA
DEPOSITATA
FONGARO & C.
SCHIO

CIOCCOLATO
B.P.
BEATA E PERRONE
TORINO

← Cioccolata Sempione
Lombardi & Macchi
vassoio
20 x 30 cm
Metalgraf, Milano
circa 1906

↙ Cacao e Cioccolato Dolomiti
49 x 34 cm
Metalgraf, Milano
circa 1910

↙ Cioccolato Beata e Perrone
35 x 50 cm
G. De Andreis, Sampierdarena
circa 1900

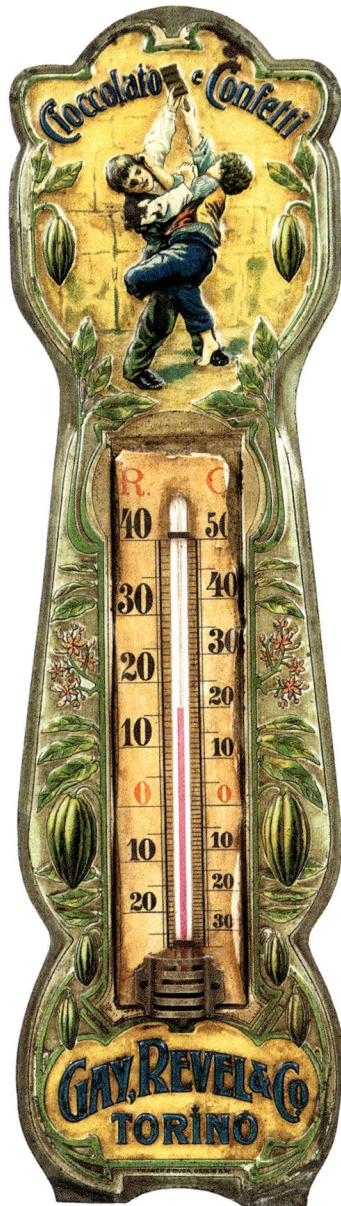

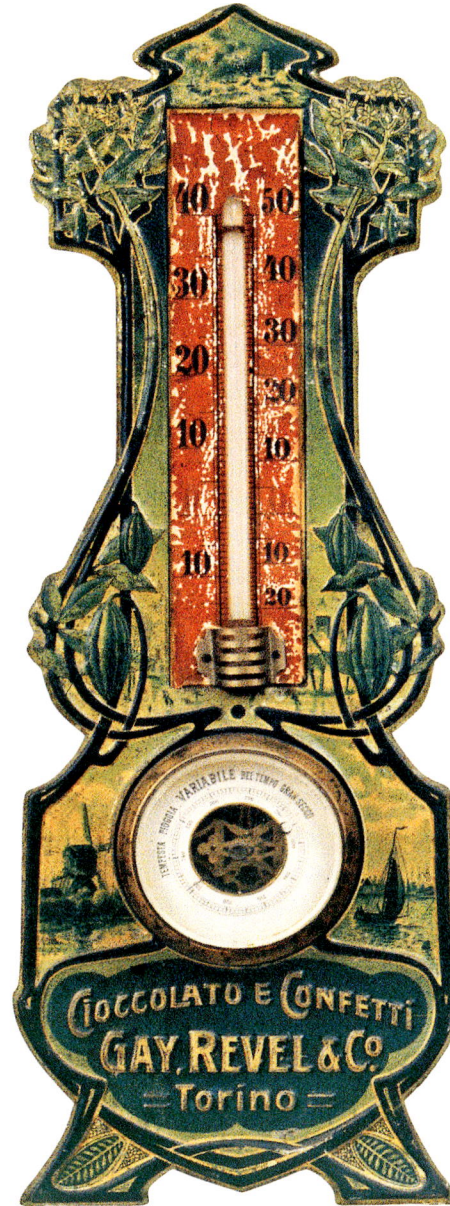

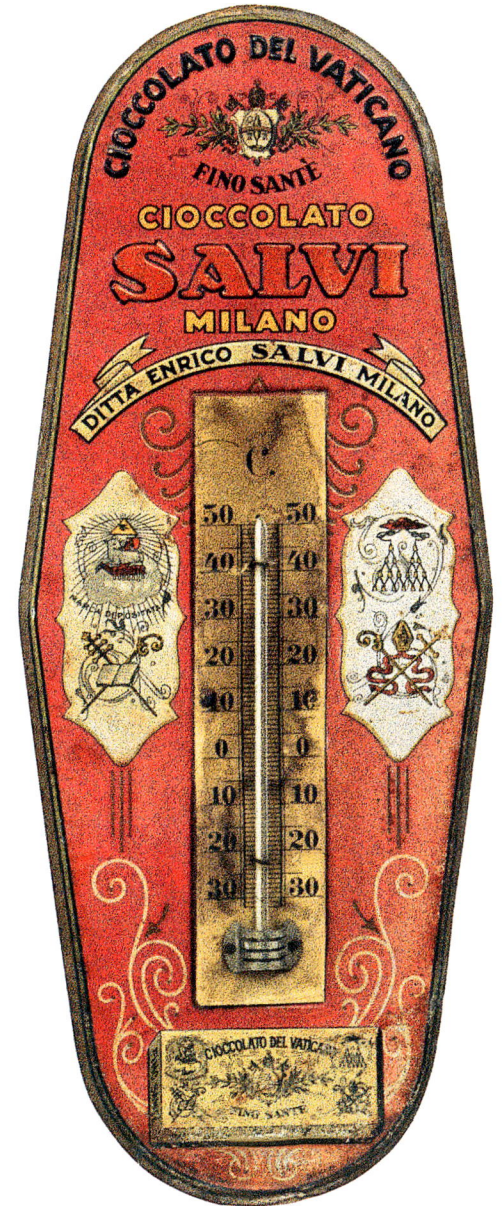

↑ Cioccolato e confetti
Gay Revel & C., termometro
50 x 14 cm
Prager & Lojda, Berlino
circa 1900

↑ Cioccolato e confetti
Gay Revel & C., termometro
50 x 16 cm
Prager & Lojda, Berlino
circa 1910

↑ Cioccolato Salvi,
termometro
48 x 18 cm
Prager & Lojda, Berlino
circa 1910

Alberto della Valle
Biscotti Mondino, vassoio
24 x 31 cm
R.D. Diana & C., Genova
Sampierdarena
circa 1910

Biscotti D. Lazzaroni & C.
vassoio
24 x 31 cm
circa 1900

Biscotti Delta
23 x 32 cm
circa 1930

Industrie-Biscotterie-Dessert
Attilio Colussi
16 x 34 cm
G. De Andreis
Sampierdarena
circa 1930

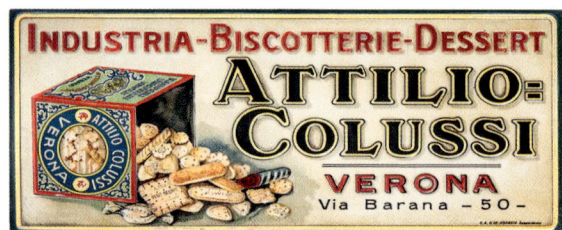

Fabbrica di Biscotti
Pietro Gentilini
50 x 35 cm
circa 1910

Biscotti P. Gentilini
rendiresto
7 x 12 cm
De Paolini Matossi & C.
Torino
circa 1905

Biscotti Delser
50 x 70 cm
G. De Andreis
Sampierdarena
circa 1920

↓ Biscottificio Perugino
Fabbrica di Caramelle
Fratelli Bartolucci
35 x 25 cm
Metalgraf, Milano
circa 1920

↓↓ Biscotti Delser
49 x 34 cm
circa 1920

↓ Biscotti Saiwa
50 x 35 cm
Metalgraf, Milano
circa 1920

↓↓ Biscottificio A. Gubernati
49 x 34 cm
G. De Andreis
Sampierdarena
circa 1920

↓ Biscotti P. Gentilini
24 cm
Metalgraf, Milano
circa 1915

↓↓ Biscottificio R. Sanmartin
& F.°
30 cm
Metalgraf, Milano
circa 1910

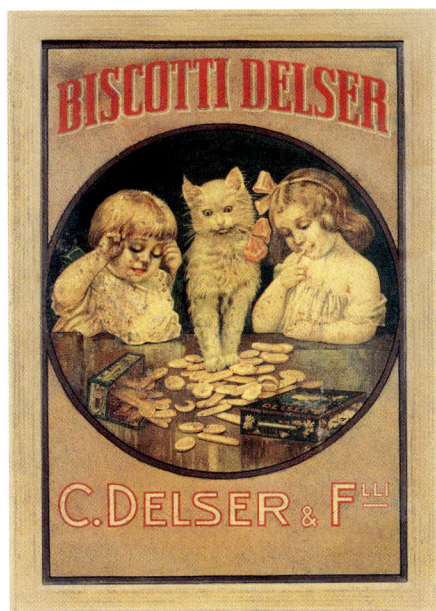

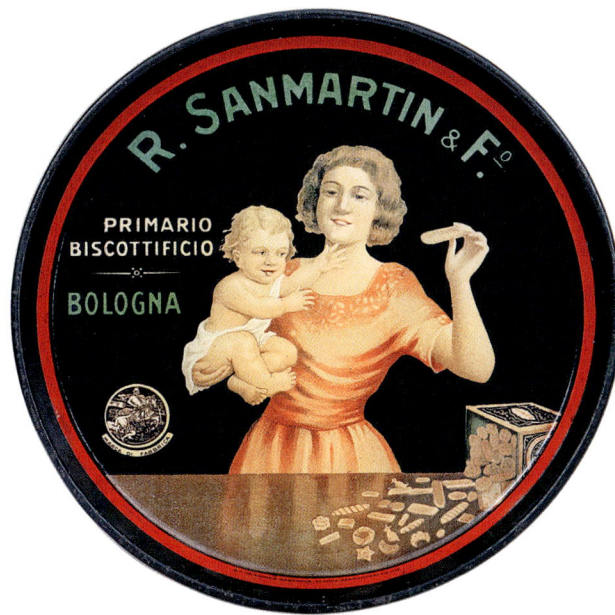

↓ Caramelle Cioccolato
Confetti Venchi, termometro
40 x 12 cm
Metalgraf, Milano
circa 1920

↓ S. Venchi & C.
48 x 32 cm
Prager & Lojda, Berlino
circa 1910

↓ Caramelle Elah
24 x 35 cm
G. De Andreis, Sampierdarena
circa 1920

↓↓ Zeda
25 x 35 cm
G. De Andreis, Sampierdarena
circa 1920

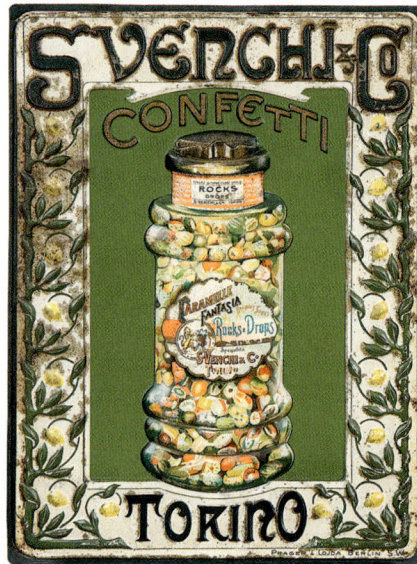

← Romolo Tessari
Caramelle Elah
37 x 21 cm
G. De Andreis
Sampierdarena
circa 1920

Confetti Cioccolato
Caramelle S. Venchi & C.
80 x 50 cm
G. De Andreis, Sampierdarena
circa 1895

Le ditte litografiche su latta

Michele Gabbani, Marco Gusmeroli

I primi stampatori italiani su metalli, la Matossi di Torino e la Ranci di Milano, nascono alla fine del XIX secolo, rimanendo i principali riferimenti per tutte le aziende del settore che di lì a poco nasceranno per il livello di qualità litografica delle produzioni.

Dal punto di vista tecnico la realizzazione dei manifesti di latta prevede diverse fasi: la scelta del decoro, il suo disegno completo, la stampa litografata dello stesso su fogli di latta di varie dimensioni e il taglio del foglio.

I primi manifesti di latta venivano stampati utilizzando la pietra litografica che verrà poi sostituita dalla placca di zinco, più rapida ed economica, e successivamente dalla stampa offset, tecnica che permette la stampa su metallo mediante lastre incise che trasferiscono ai caucciù il decoro che viene a sua volta trasferito al foglio di latta.

Tra le più importanti aziende litografiche su lastre metalliche per ampiezza del mercato, nazionale ed estero, e ricchezza della produzione, vi fu la De Andreis, fondata da Gottardo De Andreis nel 1892 a Genova Sampierdarena.

Nell'atto di fondazione della società si legge: "la ditta ha per oggetto la cromolitografia su metalli, fabbricazione di cartelli, *réclames*, placche, vassoi e articoli affini come utensili di ferro, fusti di ferro, etc., esclusa la fabbricazione di scatole di latta per conserve alimentari e scatole di latta". La sede era ubicata all'angolo tra via de Marini 5 e vicolo Grattoni a Sampierdarena, in una posizione logisticamente molto favorevole per la comodità delle spedizioni sia via terra che via mare.

Nel 1894 la De Andreis partecipò con un suo stand alle Esposizioni Riunite di Milano, nella sezione *réclames*, dove espose un ampio ventaglio della sua produzione, dalle targhe litografate ai diversi oggetti in latta (vassoi, rendiresto, gadget).

Dopo la morte del fondatore nel 1917, gli eredi decisero la fusione dell'azienda con la ditta Casanova, specializzata in scatole di latta, allargando così l'offerta sul mercato.

Con un capitale sociale di 1500 azioni, pari a un valore di un milione cinquecentomila lire, ripartito tra i cinque soci, la nuova società mantenne la denominazione precedente e Attilio Casanova fu nominato amministratore delegato. La De Andreis aveva al suo interno uno studio grafico diretto da Giovanni Battista Guerzoni, noto per le delicate immagini di donne e bambini che caratterizzavano la decorazione per le insegne pubblicitarie

↑ Lo stand della G. De Andreis di Sampierdarena alle Esposizioni riunite di Milano, 1894

Lithographic Companies on Tin

Michele Gabbani, Marco Gusmeroli

The first Italian printers on metal, Matossi in Turin and Ranci in Milan, were established in the late nineteenth century. Thanks to the quality of the lithographs they produced, they continued to serve as important points of reference for the future development of the industry.

Technically, the production of tin signs implies several steps: choosing the decoration, drawing its full design, printing the lithograph on tin sheets of various sizes and cutting the sheet.

Early tin signs were printed using lithographic stone. This was later replaced by zinc plate – both faster and cheaper – and then by offset printing, a technique for metal printing using engraved plates that transfer the decoration onto rubber, which is then transferred onto tin sheet.

However, due to the size of its market – both domestic and foreign – and the abundance of its production, one of the most important companies producing lithograph prints on metal plate was De Andreis, established by Gottardo De Andreis in 1892 in Genoa Sampierdarena.

The company's memorandum of association reads as follows: "the corporate purpose includes chromolithography on metal, manufacturing of signs, advertisements, plates, trays and the like, such as iron tools, iron barrels, etc., with the exception of the manufacture of tin boxes for food preserves and tin boxes." The registered office was located at the corner of via de Marini 5 and vicolo Grattoni in Sampierdarena, logistically a very convenient position for both sea and land shipping.

In 1894, De Andreis ran a stand in the advertising section of the Esposizioni Riunite trade-show in Milan, where it displayed a wide range of its products – from lithographed plates to various tin objects (trays, coin trays, gadgets). After the founder's death in 1917, his heirs decided to merge with Casanova, a company specialising in the production of tin boxes, thus broadening their offer on the market.

With a capital of 1,500 shares, i.e. a value of one million five hundred thousand lire divided between 5 shareholders, the new company kept its former name and Attilio Casanova was appointed managing director. De Andreis set up an in-house graphic design studio headed by Giovanni Guerzoni, known for the delicate images of women and children he drew for advertising signs and tins. As was typical of the industry, the company provided a composite supply made of a number of customisable products.

↑   Inserzione pubblicitaria G. Ranci & C.
Milano, circa 1905

↑   Cartolina pubblicitaria, Officina Berretta
Milano, circa 1910

Dépliant pubblicitario
Gottardo De Andreis, Genova
Sampierdarena
(retro e fronte)
circa 1900

e per le scatole di latta. Come consuetudine nel settore, l'azienda garantiva un'offerta composta da una serie di prodotti personalizzabili.

Tra i soci ricordiamo anche Italo Menotti e Giacomo, figlio di Gottardo e Riccardo Homberger, che apportò nuovi capitali alla società.

Giacomo De Andreis si occupò in particolare della creazione delle succursali a Barcellona e a Marsiglia (1924) che ebbero un grande successo, e la sede francese, in particolare, permise la sopravvivenza della società nel secondo dopoguerra, quando il mondo della stampa pubblicitaria su latta era ormai in crisi.

Il 1979 fu l'ultimo anno di attività e, così come per molte altre aziende del settore, l'archivio venne disperso.

Accanto alla De Andreis, un altro importante attore del settore della litografia italiana su banda stagnata fu l'Unione Arti Grafiche su Metalli, più nota come Metalgraf.

Fondata a Milano il 6 agosto del 1906, la Metalgraf nacque dall'idea di creare un'unica realtà in cui confluissero le ditte di piccole dimensioni diffuse sul territorio e di riunire la produzione dei vari stabilimenti di Milano, Lecco, Torino sotto un'unica direzione, in modo da ridurre i costi ed essere più concorrenziali sul mercato.

I soci fondatori, tutti titolari delle omonime ditte litografiche su latta, furono il conte Giuseppe Ranci Ortigosa di Milano, i fratelli Biffi di Lecco, Pietro De Paolini e Andrea Matossi di Torino e Giuseppe Pastore di Genova Sampierdarena.

L'articolo 2 dello statuto descrive così lo scopo sociale: "la cromolitografia e ogni lavorazione grafica e artistica della latta, dei metalli e di altre materie; la fabbricazione di cartelli e oggetti di réclame, scatole, etc".

Il capitale sociale della Metalgraf, presieduta da Pietro De Paolini, fu stabilito in 3 milioni di lire (30.000 azioni da 100 lire cadauna), e la sede della nuova società fu posta in via Vincenzo Monti 5 a Milano.

L'opportunità di avere più stabilimenti sul territorio permise alla Metalgraf di soddisfare tutte le richieste del mercato: piccoli ordini di aziende locali, come ad esempio le ditte produttrici di conserve di pomodoro nel parmense (con lo stabilimento di Sala Baganza), o grandi ordinazioni come quelle dei Monopoli di Stato per la produzione di scatole di sigarette. La crescita di fatturato permise alla Metalgraf di aprire nel 1934 i nuovi stabilimenti di via Amadeo 30 e piazza Ubaldino Peruzzi 3 a Milano che occupavano duemila persone, a cui si aggiunse anche l'acquisizione della Metalgraf Meridionale a Napoli. Con lo scoppio della Seconda guerra mondiale lo sviluppo dell'azienda si arrestò: fu convertita nella produzione bellica di cassette di metallo, piccole bombe, maschere antigas, scatole e recipienti per munizioni. Con la fine del conflitto l'azienda fu riorganizzata e gli stabilimenti trasferiti a Lecco nel 1954; alla fine degli anni sessanta la Metalgraf venne definitivamente liquidata.

Le Officine Grafiche Monfalconesi E. Passero & C., vennero invece fondate il 6 luglio 1907 con sede legale a Trieste e sede amministrativa e stabilimento a Monfalcone. Enrico Passero, titolare di una piccola tipografia, intuì le grandi potenzialità di sviluppo della litografia su latta, e la possibilità di coprire un mercato di confine con commesse che arrivavano anche da Albania, Istria, Grecia, e un'offerta competitiva rispetto alle ditte tedesche. La direzione della ditta fu affidata a Ettore Grasselli, proveniente dalla Metalgraf, professionista molto competente nella lavorazione e stampa su latta. Il primo stabilimento fu distrutto nel corso della Prima guerra mondiale e venne ricostruito, ampliandolo, nel 1919, arrivando a occupare negli anni trenta quasi 400 persone. Anche questa ditta, purtroppo, con la fine del secondo conflitto mondiale cominciò il suo progressivo declino sino alla chiusura nel 1982.

Qui di seguito l'elenco di tutte le ditte litografiche su latta a oggi conosciute:

Among the shareholders were Italo Menotti, Giacomo De Andreis, the son of Gottardo, and Riccardo Homberger, who contributed new capital to the business.

Giacomo De Andreis set up two new company branches, one in Barcelona and one Marseille (1924), which both proved to be very successful. The French office in particular allowed the company to survive in the wake of World War II, when the world of advertising tins had fallen into crisis. 1979 was its last year of business; as with many other companies in the industry, its archive was lost forever.

Besides De Andreis, another important company in the Italian tinplate lithography industry was Unione Arti Grafiche su Metalli, best known as Metalgraf.

Established in Milan on 6 August 1906, Metalgraf was born from an effort to bring together under one umbrella company the small firms scattered around the area – small-scale manufacturing businesses in Milan, Lecco and Turin – to lower production costs and be more competitive on the market.

The founding shareholders – all of whom were the owners of the lithographed tin firms named after them – were Count Giuseppe Ranci Ortigosa from Milan, the Biffi brothers from Lecco, Pietro De Paolini and Andrea Matossi from Turin, and Giuseppe Pastore from Genoa Sampierdarena.

Article 2 of the company's by-laws describes its purpose as follows: "chromolithography and any graphic and artistic processing of tin, metals and other materials; manufacturing of advertising signs and objects, boxes, etc."

The share capital of Metalgraf, chaired by Pietro De Paolini, was set to 3 million lire (30,000 shares of 100 lire each), and the new company's registered office was in via Vincenzo Monti 5 in Milan.

The aggregation of several local facilities allowed Metalagraf to meet all of the market's needs: small orders from local businesses, e.g. manufacturers of tomato preserves in the Parma area (through the Sala Baganza facility), as well as large orders, such as those by the State Monopolies to manufacture cigarette boxes. Turnover grew, allowing Metalgraf to open new facilities in 1934 in via Amadeo 30 and Piazza Ubaldino Peruzzi 3 in Milan, employing 2,000 people. The company also acquired Metalgraf Meridionale in Naples.

At the outbreak of World War II, the company's growth came to a halt as it was converted to the production of war materials including metal cases, bombs, gas masks, ammunition boxes and containers. At the end of the war, the business was restructured and the production facilities moved to Lecco in 1954. In the late 1960s, Metalgraf was finally wound up.

Officine Grafiche Monfalconesi E. Passero & C. was founded on 6 July 1907, with the registered office in Trieste and the headquarters and factory in Monfalcone. Enrico Passero, the owner of a small printing house, foresaw the potential of lithographed tins and the opportunity for serving a broader market with orders even from Albania, Istria, and Greece, and a more competitive offer compared to German firms. The business was managed by Ettore Grasselli, formerly at Metalgraf, a very skilled professional in tin processing and printing. The first factory was destroyed during World War I and was rebuilt to a larger size in 1919: in the 1930s, it employed almost 400 people. After the end of World War II, however, this firm too started its decline and eventually closed down in 1982.

Below we provide a list of all lithographic companies on tin known to date:

Nome	Città	Nome	Città
Alemanni Leonida	Milano	Maggioni-Bonfantini-Comolli & C	Milano
Alimentare SA	Trieste	Maggiorotto e. Soc. An.	Torino
Alma Fabbr. An	Milano	Man. J. Ferrari & Figli	Formigine
Asciutti U. Man.	Lucca	Marazza G.	Milano
Balistreri	Palermo	Marcenaro F.lli	Porto San Maurizio
A. Bartoli	Firenze	Marchesini Agostino	Bologna
A. Bartoli	Palermo	Marzorati	Milano
Berruti G.B. e C.	Genova	Marzorati Stab. Bozzetti	Milano
Biffi A. Prem. Stab.	Lecco	Mastalli E C.	Lecco
Bombini F.lli Scatolificio	Firenze	Matossi A. Litografia	Torino
Botticella	Milano	Merlo S.A.	Lecco
Bozzetti e Pluderi	Milano	Metalart	Lecco
Bozzetti G. Litogr. Prov	Milano	Metalgraf	Milano
Brianza Annoni e Secchi	Affori	Metalgraf Sud	Napoli
Brill	Cannstat	Metalscatola	Telgate (BG)
Buhler	Montevecchio (PR)	Moro T. & Figli	Genova Spda
Capolo	Genova SPDA	Nardini V. Stab. Lit.	Milano
Casanova G.	Milano	Nasturzo S.	Genova
Coen Arrigo S.A.	Genova	Navoni e C. Stab.	Milano
Conserve Alimentari e Lavoraz. S.A.	Genova SPDA	Navoni Ghirlanda	Magenta (MI)
Costa G. fu And. Stab. Lit	Genova SPDA	Nenzioni F.lli	Bologna
De Andreis G. S.A.	Genova SPDA	Off. Ist. Ital. Arti Grafiche	Bergamo
De Andreis Casanova .A.		Pagani	Lecco
De Magistris	Torino	Passero E & C.	Monfalcone
De Paolini Litogr. Manif.	Torino	Pirrotta	Palermo
De Paolini Matossi Lit. Manif.	Genova SPDA	Pluderi P. SA.	Milano
Diana R. D. & C.	Saronno	Prager e Lloyda	Berlino
Ebi	Vinovo (TO)	Radaelli Cav. Ezio Man.	Verona
Faima	Milano	Ranci G. & C. Prem. St. Cr. E Man.	Milano
Filam	Genova	Redaelli R. Man.	Rovato (BR)
Firpo e Savio	Milano	Renzetti D. & C. Stab.	Oneglia
Florida	Genova	S. I. L. L. A.	Livorno
Gattorno F.lli Stab.	Lecco	Salamana - Luini - Taglioretti	Bovisa (Milano)
Gielle S.A.	Genova	Salerno Poligrafica	Palermo
Guelfi F.lli	Napoli	Saturnia	Lubiana
I.M.P.A.	Padova	Sauppe & Bush	Dresda
I.N.G.A.P.	Palermo	Sba	
Imball. Metallici	Palermo	Sca	
Imballaggi Metallici e Cartelli Pub	Palermo	Scamet	Torino
Indusr. Graf. e Lattoniere	Cremona	Scatolificio Lecchese	
Isma	Bergamo	Secchi	Lecco
Istit. Ital. Arti Grafiche	Torino	Sella	Milano
Itla	Napoli	Sevettiere G.	Noceto
La Lattografica	Milano	Sipal	Palermo
Lampugnani	Milano	Soc. An. F.I.I.A.M.	Sesto Fiorentino
Landriani	Vienna	Soc. Ligure Lav. Latta Fabbr. Cons.	Milano
Latta	Genova SPDA	Solerzia Soc.	Genova SPDA
L'americana S.A.	Modena	Stima	Imperia
Lams – Corio	Milano	Taddeo e Figli	Genova SPDA
Lavacchi	Napoli	Tardito F.lli	Genova
Leveratto G.	Lecco	Tomasino Antonio e Figli	Palermo
Lia	Cesena	Wieser	Zurigo
Litigrafia Arrigoni	Savona	Zincograf A. Cioni	Catania
Lito Latta		Zincografica	Catania

Alemanni Leonida	Milan	Maggioni-Bonfantini-Comolli & C	Milan
Alimentare SA	Trieste	Maggiorotto e Soc. An.	Turin
Alma Fabbr. An	Milan	Man. J. Ferrari & Figli	Formigine
Asciutti U. Man.	Lucca	Marazza G.	Milan
Balistreri	Florence	Marcenaro F.lli	Porto San Maurizio
A. Bartoli	Firenze	Marchesini Agostino	Bologna
A. Bartoli	Palermo	Marzorati	Milan
Berruti G.b. e C.	Genoa	Marzorati Stab. Bozzetti	Milan
Biffi A. Prem. Stab.	Lecco	Mastalli e C.	Lecco
Bombini F.lli Scatolificio	Florence	Matossi A. Litografia	Turin
Botticella	Milan	Merlo S.A.	Lecco
Bozzetti e Pluderi	Milan	Metalart	Lecco
Bozzetti G. Litogr. Prov	Milan	Metalgraf	Milan
Brianza Annoni E Secchi	Milan	Metalgraf Sud	Naples
Brill	Affori	Metalscatola	Telgate (BG)
Buhler	Cannstat	Moro T. & Figli	Genoa Spda
Capolo	Montevecchio (PR)	Nardini V. Stab. Lit.	Milan
Casanova G.	Genoa Spda	Nasturzo S.	Genoa
Coen Arrigo S.A.	Milan	Navoni e C. Stab.	Milan
Conserve Alimentari e Lavoraz. S.A.	Genoa	Navoni Ghirlanda	Magenta (Mi)
Costa G. fu And. Stab. Lit	Genoa Spda	Nenzioni F.lli	Bologna
De Andreis G. S.A.	Genoa Spda	Off. Ist. Ital. Arti Grafiche	Bergamo
De Andreis Casanova S.A.	Genoa Spda	Pagani	Lecco
De Magistris		Passero E & C.	Monfalcone
De Paolini Litogr. Manif.	Turin	Pirrotta	Palermo
De Paolini Matossi Lit. Manif.	Turin	Pluderi P. S.A.	Milan
Diana R. D. & C.	Genoa Spda	Prager e Lojda	Berlino
Ebi	Saronno	Radaelli Cav. Ezio Man.	Verona
Faima	Vinovo (TO)	Ranci G. & C. Prem. St. Cr. e Man.	Milan
Filam	Milano	Redaelli R. Man.	Rovato (BR)
Firpo e Savio	Genoa	Renzetti D. & C. Stab.	Oneglia
Florida	Milan	S. I. L. L. A.	Livorno
Gattorno F.lli Stab.	Genoa	Salamana - Luini - Taglioretti	Bovisa Mil
Gielle S.A.	Lecco	Salerno Poligrafica	Palermo
Guelfi F.lli	Genoa	Saturnia	Lubiana
I.M.P.A.	Naples	Sauppe & Bush	Dresda
I.N.G.A.P.	Padua	Sba	
Imball. Metallici	Palermo	Sca	
Imballaggi Metallici e Cartelli Pub	Palermo	Scamet	Turin
Indusr. Graf. E Lattoniere	Palermo	Scatolificio Lecchese	
Isma	Cremona	Secchi	Lecco
Istit. Ital. Arti Grafiche	Bergamo	Sella	Milan
Itla	Turin	Sevettiere G.	Noceto
La Lattografica	Naples	Sipal	Palermo
Lampugnani	Milan	Soc. An. F.I.I.A.M.	Sesto Fiorentino
Landriani	Milano	Soc. Ligure Lav. Latta Fabbr. Cons.	Milan
Latta	Vienna	Solerzia Soc.	Genoa SPDA
L'americana S.A.	Genoa Spda	Stima	Imperia
Lams - Corio	Modena	Taddeo e Figli	
Lavacchi	Milan	Tardito F.lli	Genoa SPDA
Leveratto G.	Naples	Tomasino Antonio e Figli	Genoa
Lia	Lecco	Wieser	Palermo
Litigrafia Arrigoni	Cesena	Zincograf A. Cioni	Zurigo
Lito Latta	Savona	Zincografica	Catania
			Catania

Leopoldo Metlicovitz
G. Ranci & C., Milano
9 x 13,8 cm
circa 1904

Leopoldo Metlicovitz
Ranci & C., Milano
9 x 13,8 cm
circa 1904

Leopoldo Metlicovitz
G. Ranci & C., Milano
13,8 x 9 cm
circa 1904

Leopoldo Metlicovitz
G. Ranci & C., Milano
13,8 x 9 cm
circa 1904

↓ Leopoldo Metlicovitz (?)
G. Ranci & C., Milano
23 x 14,8 cm
circa 1900

↓ Giovanni Maria Mataloni
G. Ranci & C., Milano
74 x 54,5
circa 1900

↓↓ Calendario
G. Ranci & C., Milano
23 x 15 cm
1905

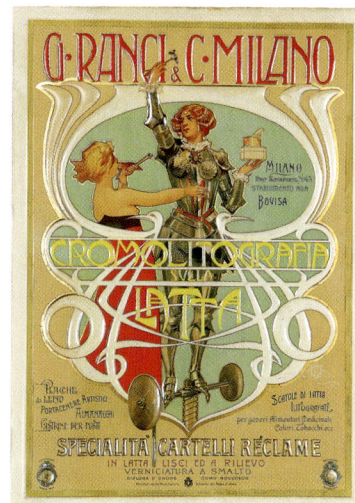

↖ G. Ranci & C., Milano
tagliacarte
14 x 3 cm
circa 1900

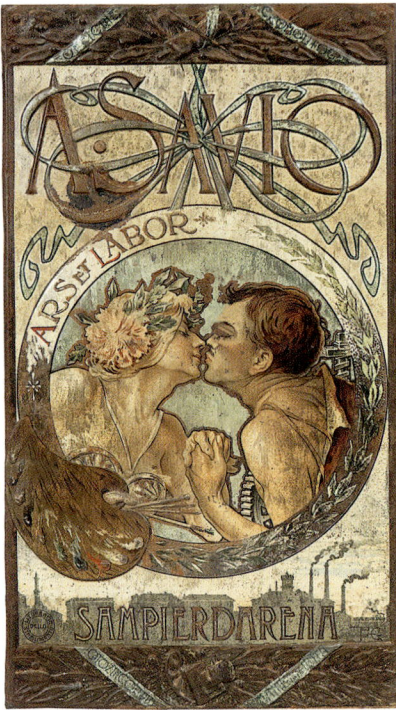

↑ Biglietto da visita ditta
Angelo Savio, Genova
Sampierdarena, circa 1900

↖ Tabella pubblicitaria
ditta Federico De Cosmi
Genova, circa 1900

← Tabella pubblicitaria
ditta Giacomo Casanova, Genova
Sampierdarena, circa 1900

↑ Tabella pubblicitaria ditta
Angelo Savio, Genova
Sampierdarena, circa 1900

→ Block notes ditta
→ G. De Andreis, Genova
Sampierdarena, circa 1900

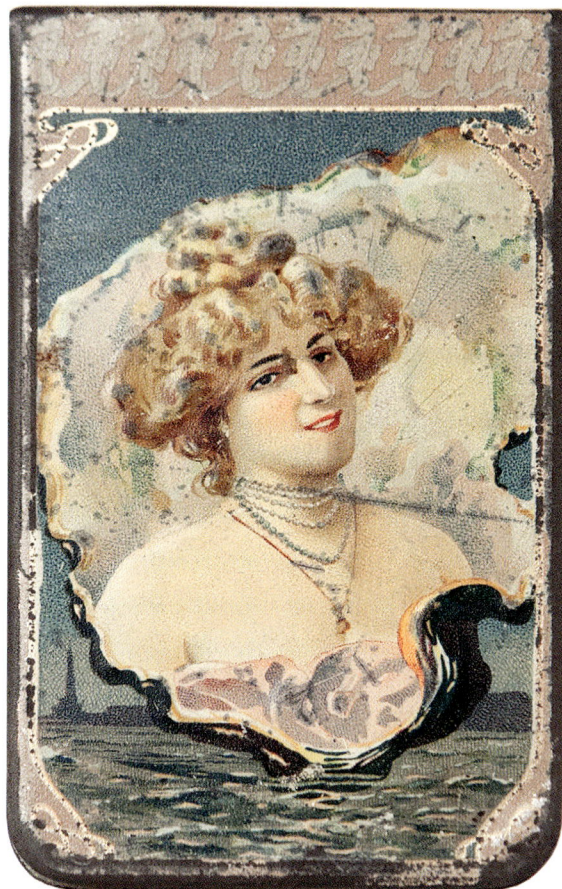

→ Dépliant pubblicitario
Ditta G. De Andreis, Genova
Sampierdarena, circa 1900

→ Biglietto da visita ditta
G. De Andreis, Genova
Sampierdarena, circa 1900

→ Aldo Mazza
biglietto da visita
ditta L. Marazza & C., Milano
circa 1910

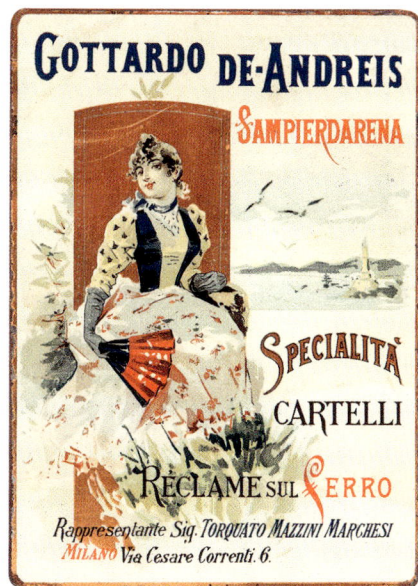

↓ Biglietto da visita ditta
G. De Andreis, Genova
Sampierdarena, circa 1900

↖↘ Biglietto da visita Consorzio
Italiano Produttori Latta
circa 1910

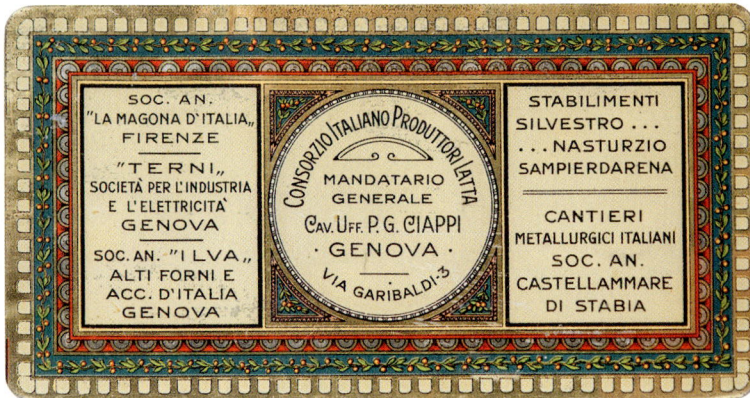

↓ Biglietto da visita ditta
G. De Andreis, Genova
Sampierdarena, 1906
(apertura azienda in
Badalona, Spagna)

↙↘ Retro dei biglietti da visita
ditta G. De Andreis, Genova
Sampierdarena, i cui fronti
sono a pp. 252-253
1900/1906

GOTTARDO DE-ANDREIS

STABILIMENTI GRAFICI: SAMPIERDARENA (ITALIA)
BADALONA (SPAGNA)

CROMOLITOGRAFIA SUI METALLI
FABBRICAZIONE DI CARTELLI RECLAME.
PLACCHE. LAMIERE PER LETTI. VASSOI.
ED ARTICOLI GENERICI PER RECLAME.

Il restauro / Restoration

Chiara Salina, Mara Moscatelli, Marco Gusmeroli

Un manifesto di latta litografata, un giocattolo o una scatola, sono tre tipologie di oggetti realizzati con il medesimo materiale ma con caratteristiche diverse e quindi se si rileva la necessità di un restauro si interverrà ogni volta in modo diverso.

E questo perché, in primo luogo il processo di stampa può variare molto da latta a latta, sia per i colori che per la superficie, la quale può essere molto lucida o molto opaca.

Diversissime poi sono le condizioni nelle quali il manifesto di latta arriva fino a noi: umidità, esposizione al sole, contatti con sostanze chimiche, o la comune ruggine provocano effetti diversi e devono essere trattati in modo differente.

In linea generale siamo a indicare le seguenti linee guida: dopo una prima leggera spolveratura della superficie, eseguita con pennellesse morbide, è bene soffermarsi a studiare le condizioni dell'oggetto, in particolare gli strati soprammessi che possono essere di varia natura: polveri grasse, nero fumo, vernici alterate, ridipinture dalle composizioni più improbabili, gomma lacca ecce-

tera; diviene quindi fondamentale eseguire delle prove di pulitura per trovare il solvente che possa rimuovere l'eccesso, senza intaccare lo strato inferiore di colore originale.

Il supporto in metallo a volte necessita di essere ribattuto, soprattutto sui bordi nel caso abbiano perso la loro curvatura originale. Per far questo occorre utilizzare piccoli attrezzi come punteruoli ricoperti con punte di feltro, martellini da orologiaio o rulli rivestiti in silicone. I piccoli buchi possono essere colmati con stucco per metalli e quelli più grandi con 'pezze' ricavate da prodotti di recupero oppure applicando uno strato di vetroresina. Per quanto riguarda la ruggine, in commercio esistono diversi prodotti contenenti acido cianidrico diluito, usati per l'asportazione delle macchie. In molti casi questa scelta è efficace, ma consigliamo sempre di eseguire delle prove e soprattutto limitarle alla zona intaccata, poiché se estese su parti più ampie possono sbiadire il colore rendendo il disegno molto opaco e piatto, togliendo 'volume' alla litografia, soprattutto in quegli oggetti che hanno una superficie molto porosa, oppure in quelli in

cui è presente una dominante del colore verde o blu che tende più facilmente a perdere tono.

Nei nostri interventi usiamo miscele di solvente da noi composte usando carta vetrata di diverse grammature o pagliette finissime.

Quando sono presenti delle lacune ampie queste vengono preparate con un primer per metalli e successivamente, grazie all'aerografo, si costruiscono basi di colore uniforme e in sottotono rispetto l'originale. La lacuna di colore viene così colmata per passaggi successivi in modo da permettere di avvicinarsi il più possibile al colore originale.

La ricostruzione pittorica delle mancanze, graffi o buchi, viene eseguita con tecnica mista, con l'uso cioè di aeropenna e pennello, e il risultato finale dipende molto dalla profondità del graffio o della mancanza.

L'ultima fase consiste nella verniciatura data a spruzzo con trasparente sintetico lucido, opaco o semi-lucido rispettando le caratteristiche originali dell'oggetto e se necessario si interviene con dei trattamenti con pennellino finissimo in modo da invecchiare la superficie e renderla uniforme.

A lithographed tin sign, a toy or a container: three types of object made of the same material, but with different characteristics, and so, when restoration is required, the intervention will be different in each case.

This is firstly because the printing process can vary greatly from one piece of tin to another, both in terms of the colours and the surfaces, which can be very shiny or very opaque.

Then, the conditions in which tin signs have come down to us can also be very different: humidity, exposure to the sun, contact with chemicals, or common rust have different effects and need to be treated in different ways.

In general, we would suggest the following guidelines; after a first light dusting of the surface, carried out with soft brushes, it is a good idea to look at the condition of the object, in particular the layers that may be of different sorts: greasy dust, smoke stains, altered paints, repainting with the most unlikely compositions, shellac, etc.; it is therefore essential to carry out

cleaning tests to find out which solvent might remove the excess, without affecting the lower layer in the original colour.

The metal support sometimes needs to be beaten again, especially at the edges when they have lost their original shape. To do this it is necessary to use small tools such as punches covered with felt at the tips, watchmaker's hammers or silicone-coated rollers.

Smaller holes can be filled with metal filler and larger ones with 'pieces' made from recycled products or by applying a layer of fibreglass.

As regards rust, there are several products on the market that contain diluted hydrogen cyanide, used for the removal of stains. In many cases, this choice is effective, but we always recommend testing and, above all, limiting it to the affected area, because if spread over wider areas, the colours may be faded, rendering the design opaque and flat, removing 'volume' from the lithograph, especially in objects with a very porous surface, or in those in which there is

a dominant green or blue which tend to lose their tones more easily.

In our interventions, we use solvent mixtures we make ourselves, applied with sandpaper of different graining or very fine scouring pads.

When there are large gaps, these should be prepared with a metal primer and then a spray gun is used to form bases of colour which are uniform and subdued in comparison to the original. The colour gap is thus filled in by successive stages in such a way as to obtain something as close as possible to the original.

The pictorial reconstruction of missing pieces, scratches or holes is done with a mixed technique, that is, using an airbrush and brush, and the final result depends greatly on the depth of the scratch or the missing piece.

The final phase consists of spray painting with a glossy, opaque or semi-glossy transparent synthetic, respecting the original characteristics of the object and, if necessary, intervening with very fine brush work in order to age the surface and render it uniform.

Bibliografia / Bibliography

Ercole Arturo Marescotti ed Edoardo Ximenes (a cura di), *Milano e l'Esposizione Internazionale del Sempione 1906*, Milano 1906.

Arturo Lancellotti, *Storia della Réclame*, Milano 1918.

Arturo Gazzoni, *Vendere, vendere, vendere*, Milano 1928.

Guida Ricciardi, *Pubblicità e Propaganda in Italia*, Milano 1936.

Guida Ricciardi, *Pubblicità e Propaganda in Italia*, Milano 1941-1942.

Dino Villani, *La Pubblicità e i suoi segreti*, Milano 1946.

Lorenzo Manconi, *La pubblicità*, Milano 1956.

Luigi Mengazzi, *L'epoca d'oro del manifesto italiano*, Milano 1977.

Gian Paolo Ceserani, *Vetrina della Belle Epoque*, Bari 1980.

Enzo Biagi, *Sapore di un tempo*, Oneglia 1981.

L'arte di Latta. Arte e industria contro l'effimero: mezzo secolo di attività delle officine E. Passero di Monfalcone, Gorizia 1986.

Un'idea di città, Sampierdarena nell'epoca del Liberty, Genova 1986.

Alberto Capatti e Cesare Colombo (a cura di), *Occhio al Cibo. Immagini per un secolo di consumi alimentari in Italia*, Milano 1990.

Bob Norda e Vanni Scheiwiller, *1872-1972. Cento anni di comunicazione visiva Pirelli*, Milano 1990.

America for Sale. A collector's guide to Antique Advertising, West Chester (Usa) 1991.

I marchi di Fabbrica a Milano 1868-1913. Arte, Industria e Diritto, Milano 1992.

Cinzano, Torino 1994.

Alberto Abruzzese e Simona De Iulio (a cura di), *Lumi di progresso. Comunicazione e persuasione alle origini della cartellonista italiana*, Treviso 1996.

Pierangelo Lomagno, *Appunti per una Storia della Pubblicità Farmaceutica*, Roma 1996.

Vito Platania, *Le Targhe Incendio in Italia*, Firenze 1997.

Dalla latta alla scatola e viceversa, Genova 2002.

Piero Delbello, *Nei dintorni di Dudovich. Per una storia della "piccola" pubblicità e dei suoi grandi autori*, Trieste 2002.

Leonardo Colapinto, Antonino Annetta, *Il Farmaco nel periodo autarchico*, Sansepolcro 2005.

Marco Gusmeroli, *Stelle di latta*, Milano 2005.

Giorgio Antonelli, *La Ballata della luce. Mitologia di un bulbo brillante*, Bologna 2005.

Luca Masia (testo di), *Sutter 150 anni di storia, valori e innovazione*, Cinisello Balsamo 2008.

Anna Villari (a cura di), *L'Arte della pubblicità. Il Manifesto italiano e le Avanguardie 1920-1940*, Cinisello Balsamo 2008.

Anna Villari, *Manifesti. Pubblicità e vita italiana 1895-1945*, Cinisello Balsamo 2009.

Dario Cimorelli, *Manifesti. Ironia, fantasia ed erotismo nella pubblicità 1895-1960*, Cinisello Balsamo 2011.

Réclame Manifesti e bozzetti del primo '900 dal fondo Passero e Chiesa, Mariano del Friuli 2013.

Paolo Piccione, *Manifesti. Il viaggio in mare, pubblicità e crociere in Italia 1885-1965*, Cinisello Balsamo 2013.

Alessandro Bellenda e Mario Piazza, *Manifesti. Mangiare & Bere nella pubblicità italiana 1890-1970*, Cinisello Balsamo 2014.

Dario Cimorelli e Mario Piazza (a cura di), *La Fiera di Milano. Pubblicità dell'Industria Italiana (1920-1940)*, Cinisello Balsamo 2015.

Dario Cimorelli, Michele Gabbani, Marco Gusmeroli (a cura di), *Scatole di latta 1885-1950*, Cinisello Balsamo 2016.

Plaques émaillées acoumulation de Jean-Francois Danquin, Amiens 2017.

Dario Cimorelli e Stefano Roffi, *Pubblicità! La nascita della comunicazione moderna 1890-1957*, Cinisello Balsamo 2017.

Marta Mazza (a cura di), *Illustri persuasioni. Belle Époque. Capolavori pubblicitari dalla Collezione Salce*, Milano 2017.

In copertina / Cover
Luigi Paradisi (Lupa)
Aperitivo Pinocchio Anselmo
particolare
Metalgraf, Milano
circa 1920

Crediti fotografici / Photo Credits
Civica Raccolta delle Stampe "Achille Bertarelli",
Milano, pp. 17, 248
Guido Cecere, pp. 38 a destra, 142 a sinistra,
144 a destra
Museo Nazionale Collezione Salce, Treviso, pp. 80
in basso a sinistra e al centro, 114 in basso a destra,
191 in basso a sinistra, 249 al centro

Silvana Editoriale

Direzione editoriale / Direction
Dario Cimorelli

Art Director
Giacomo Merli

Coordinamento editoriale / Editorial Coordinator
Sergio Di Stefano

Redazione / Copy Editors
Micol Fontana,
Clelia Palmese

Impaginazione / Layout
Denise Castelnovo

Coordinamento di produzione / Production Coordinator
Antonio Micelli

Segreteria di redazione / Editorial Assistant
Ondina Granato

Ufficio iconografico / Photo Editors
Alessandra Olivari, Silvia Sala

Ufficio stampa / Press Office
Lidia Masolini, press@silvanaeditoriale.it

Available through ARTBOOK | D.A.P.
155 Sixth Avenue, 2nd Floor, New York, N.Y. 10013
Tel: (212) 627-1999 Fax: (212) 627-9484

Silvana Editoriale S.p.A.
via dei Lavoratori, 78
20092 Cinisello Balsamo, Milano
tel. 02 453 951 01
fax 02 453 951 51
www.silvanaeditoriale.it

Le riproduzioni, la stampa e la rilegatura
sono state eseguite in Italia
Reproductions, printing and binding
in Italy
Stampato da / Printed by Tecnostampa - Pigini
Group Printing Division, Loreto-Trevi
Finito di stampare nel mese di dicembre 2017
Printed December 2017